A CONQUISTA DO MÉXICO

Leia também na Coleção **L&PM** POCKET:

Brasil: Terra à vista! – Eduardo Bueno
A carta de Pero Vaz de Caminha
Os conquistadores – Júlio Verne
Diários da descoberta da América – Cristóvão Colombo
O livro das maravilhas – Marco Polo
O paraíso destruído – Frei Bartolomé de las Casas
A primeira viagem ao redor do mundo – Antonio Pigafetta
Naufrágios & comentários – Álvar Núñez Cabeza de Vaca

DARMAPADA
A doutrina budista em versos

Tradução do páli, introdução e notas de
FERNANDO CACCIATORE DE GARCIA

www.lpm.com.br
L&PM POCKET

Coleção **L&PM** POCKET, vol. 825

Texto de acordo com a nova ortografia
Título original: *Dhammapada*

Primeira edição na Coleção **L&PM** POCKET: outubro de 2009

Tradução, introdução e notas: Fernando Cacciatore de Garcia
Capa: Marco Cena
Preparação: Jó Saldanha
Revisão: Patrícia Yurgel

CIP-Brasil. Catalogação-na-Fonte
Sindicato Nacional dos Editores de Livros, RJ

D519

Darmapada: a doutrina budista em versos / tradução do páli, introdução e notas de Fernando Cacciatore de Garcia. – Porto Alegre, RS: L&PM Editores, 2009.
160p. – (Coleção L&PM POCKET; v. 825)

Tradução de: *Dhammapada*
ISBN 978-85-254-1962-0

1. Budismo - Doutrinas. I. Garcia, Fernando Cacciatore de, 1944-. II. Série.

09-4555.   CDD: 294.342
                                      CDU: 24-72-1

© da tradução, L&PM Editores, 2009

Todos os direitos desta edição reservados a L&PM Editores
Rua Comendador Coruja 314, loja 9 – Floresta – 90220-180
Porto Alegre – RS – Brasil / Fone: 51.3225.5777 – Fax: 51.3221-5380

Pedidos & Depto. comercial: vendas@lpm.com.br
Fale conosco: info@lpm.com.br
www.lpm.com.br

Impresso no Brasil
Primavera de 2009

Dedico esta tradução à LAOSRI,
sobre quem, espero, recaia o mérito
de ter ampliado a difusão do darma.

Sobre a tradução do Darmapada

Declaração de Tilak Karyiawasam, diretor do Instituto de Pós-Graduação em Páli e Estudos Budistas da Universidade de Kelanyia, no Sri Lanka, sobre a presente tradução:

No dia 15 de dezembro de 1998, no Instituto de Pós-Graduação em Páli e Estudos Budistas da Universidade de Kelanyia, um painel de eruditos em budismo incluindo eu mesmo, professor de estudos budistas; dr. Y. Karunadasa, professor de páli; dr. Asanga Tilakaratne, professor de pensamento budista, e o venerável dr. K. Dhammadoti, professor de fontes literárias do budismo, após realizar extenso estudo da versão chinesa do *Darmapada*, reuniram-se com o conselheiro Fernando Cacciatore de Garcia e mantiveram uma discussão muito profunda sobre sua tradução do *Darmapada* para o português.

O conselheiro De Garcia explicou as razões, tanto pessoais como acadêmicas, que o levaram a empreender essa tradução bem como a metodologia empregada na tarefa. O painel fez perguntas ao conselheiro De Garcia sobre sua tradução de termos-chave do budismo, como *dhamma*, *sankãra*, *kamma* e *nibbãna*. Como resultado de uma longa e vívida troca de pontos de vista, o tradutor concordou em retificar alguns termos e expressões-chave. O painel ficou muito impressionado com o amplo conhecimento do conselheiro sobre o budismo e sobre a literatura budista. O painel, ademais, apreciou sua consciência da suma dificuldade de transmitir os termos-chave da filosofia budista em português ou, como é o caso, em qualquer outra língua. O painel também apreciou as copiosas notas que o autor fornece como forma de defender as opções de sua tradução.

Em nome do painel de eruditos que discutiram a tradução do conselheiro Fernando Cacciatore de Garcia do *Darmapada*, eu gostaria de deixar constância por meio desta declaração que o conselheiro possui um amplo conhecimento sobre o budismo e que há claras indicações que mostram ter ele dado o melhor de si para fazer justiça a este texto sagrado do budismo, que é um tesouro da literatura mundial. Faço votos de que sua tradução venha a transformar-se no texto-padrão do *Darmapada* em português.

Professor Tilak Karyiawasam
4 de janeiro de 1999

Agradecimentos

Agradeço em primeiro lugar ao sr. Moonesinghe, embaixador do Sri Lanka em Nova Délhi (quando eu trabalhava lá, em nossa embaixada), que, ao saber que eu estava traduzindo o *Darmapada* direto do páli, me convidou para almoçar e me disse que tudo faria para que eu fosse adiante na tarefa e que me ajudaria, materialmente, na publicação. Depois, agradeço à embaixadora Vera Pedrosa, minha colega no Instituto Rio Branco, nossa líder intelectual, que me alertou sobre as dificuldades de um ocidental traduzir os conceitos do budismo. O incentivo do embaixador e o bom conselho da embaixadora me levaram a ligar para o sr. Milinda Morogoda, então cônsul honorário do Brasil em Colombo, que por sua vez providenciou para que minha tradução fosse analisada por especialistas em páli, budismo e Buda. Agradeço-lhe não apenas seu empenho em realizar meu pedido, mas também sua gentileza e de sua mulher, que me hospedaram em sua casa e me possibilitaram visitar toda a ilha, especialmente as relíquias de Buda em Cândi. Agradeço ao sr. M. D. D. Peiris, então vice-presidente do Merchant Bank de Colombo, que financiou a formação do painel de especialistas da Universidade de Kelanyia que analisaram minha tradução. Desta universidade, agradeço em primeiro lugar a Tilak Kariyawasam, professor de estudos budistas, por ter acreditado valer a pena reunir um grupo de especialistas para inspecionar a tradução de um ocidental, incluindo-se entre eles. Agradeço também aos demais membros do painel, a Y. Karunadasa, professor de páli, a Assanga Tilakaratne, professor de pensamento budista, e ao venerável monge Dhammajoti, professor de fontes literárias do budismo, sobretudo pela paciência que tiveram em questionar-me por mais de cinco horas e por sua tolerância com minha impaciência de ocidental. Ao painel, em conjunto, agradeço comovido a análise que fizeram e, especialmente, as sugestões com que me brindaram e que muito melhoraram a tradução.

Finalmente, agradeço a Lekhnath Gyawali, meu *housekeeper* em Nova Délhi, verdadeiro brâmane de casta e sentimentos, muito douto, que me ensinou a pronunciar corretamente o páli, sobretudo os nomes próprios que constam da introdução.

Fernando Cacciatore de Garcia
Porto Alegre, inverno de 2009

Sumário

Introdução – *Fernando Cacciatore de Garcia* 11

Darmapada
   Capítulo I – Os pares 43
   Capítulo II – Da vigilância 47
   Capítulo III – A mente 50
   Capítulo IV – As flores 52
   Capítulo V – Dos tolos 55
   Capítulo VI – Dos sábios 58
   Capítulo VII – Dos Dignos 61
   Capítulo VIII – Os milhares 63
   Capítulo IX – Do mal 66
   Capítulo X – O chicote 69
   Capítulo XI – Da velhice 72
   Capítulo XII – Nós próprios 74
   Capítulo XIII – Do mundo 76
   Capítulo XIV – Dos budas 79
   Capítulo XV – Da felicidade 83
   Capítulo XVI – Da afeição, dos seres queridos
      e dos prazeres 86
   Capítulo XVII – Da ira 89
   Capítulo XVIII – Das nódoas 92
   Capítulo XIX – Dos justos 96
   Capítulo XX – Do caminho 99
   Capítulo XXI – Miscelânea 102
   Capítulo XXII – Dos infernos 105
   Capítulo XXIII – O elefante 108
   Capítulo XXIV – Dos desejos 111
   Capítulo XXV – Dos monges 116
   Capítulo XXVI – Dos brâmanes 120

Notas 129

Introdução

Fernando Cacciatore de Garcia

O *Darmapada* é o texto budista mais conhecido e traduzido. Suas 423 estrofes, sempre curtas, simples e de fácil compreensão, dão uma ideia viva, bela e imediata dos ensinamentos de Buda.

A vida no tempo de Buda

Através das referências à vida diária feitas por Buda no *Darmapada*, podemos construir um retrato muito vivo de seu tempo. No norte da Índia e sul do Nepal, durante sua vida, entre os séculos VI e V a.C., o dirigente máximo era o *raja*, membro da casta dos xátrias, ou nobres. Eram os governantes e líderes nas guerras. *Raja*, ou rajá entre nós, podia ser também o título do governador das províncias mais ou menos independentes dos reinos situados no vale do rio Ganges. Os rajás formavam exércitos que comandavam nas batalhas, vestidos em esplêndidas armaduras e montados em elefantes amestrados. Usavam também carros de guerra relativamente ligeiros, puxados por fogosos cavalos ou mulas espertas, e seus soldados usavam, entre outras armas, o arco e a flecha. As principais cidades eram muradas e vigiadas por guardas que se revezavam três vezes durante a noite. Especialmente as cidades fronteiriças eram bem fortificadas. Em sua porta principal era erigido o Pilar de Indra, deus solar, ao qual se ofereciam flores e incenso.

O rajá vivia num "palácio" – grande construção de pedra, madeira e tijolos sobre uma plataforma elevada – com seu séquito, cercado de luxo e riquezas. Locomovia-se em carruagens ricamente ornadas ou montava corcéis escolhidos e bem-domados. Promovia a justiça, punindo, entre outros, adúlteros e ladrões, inclusive arrombadores de casas. Uma tortura terrível então praticada era forçar o criminoso a engolir uma bola de ferro em brasa. Seu trabalho era tanto mais difícil quanto tinha que policiar-se contra perseguições pessoais a seus súditos e julgar com propriedade acusações muitas vezes sem fundamento. De qualquer maneira, o rajá tudo fazia para preservar seu mando exclusivo e expandi-lo territorialmente. Algumas vezes, contudo, era forçado a abandonar territórios que havia conquistado.

Além da casta dos xátrias, ou nobres, que comandavam a administração e a guerra, havia a casta dos sacerdotes, ou brâmanes, que oficiavam os rituais, especialmente o de purificação dos indivíduos através do fogo, prática muitas vezes realizada nas florestas. Sacrifícios eram realizados em ocasiões festivas, e oferendas eram feitas para propiciar desejos. Dar esmolas era um hábito cercado de sentimentos religiosos. Os devas eram seres míticos que, acreditava-se, viviam em mundos bem-aventurados; entre eles encontravam-se os gandarvas, espíritos músicos. Entre os devas, Buda cita mais repetidamente Indra, a personificação do Sol, Senhor do Raio. Refere-se também muitas vezes a Mara, também chamada de Iama (representando tanto a morte e o mal como a atração aos prazeres), e a Maiá (a ilusão, que cega o homem diante de si e do mundo). Buda revolucionou os costumes da época ao negar o valor das castas, ensinando que todos poderiam ser brâmanes, independentemente do nascimento, pois o que distinguia os homens eram suas boas ações. Além disso, contestou a validade dos sacrifícios, monopólio dos brâmanes, ensinando que os rituais destes de nada valiam: somente nós próprios podemos purificar-nos, através de nossa mente bem-intencionada. É ela que nos purifica, e não os rituais ou o fogo.

O comércio era uma atividade muito importante, praticada pela casta dos vaixás. Havia comerciantes muito ricos, preocupados com seus lucros e perdas, entre eles os que transportavam mercadorias em caravanas. Nas cercanias das cidades havia estradas e, nos lugares ermos, caminhos, alguns dos quais muito perigosos. As viagens exigiam longos preparativos, como provisões, e nas estradas havia lugares para descanso. As caravanas ligavam aldeias, cidades, províncias e reinos. Os homens ricos, preocupados com a preservação de seus bens, acumulavam tesouros em moedas de ouro, diamantes e pedras preciosas, além de objetos de metal. Os ricos vestiam-se com grande esmero.

As atividades urbanas incluíam também o artesanato e a indústria, como a metalurgia do ferro, do bronze e do ouro. Fazia-se todo tipo de utensílios de metal, como grilhões, sovelas, colheres, freios de cavalo, gongos, balanças, barras etc. Havia tecelões, artesãos de couro que cortavam cintos, correias, arreios etc. e comerciantes de incensos e perfumes, entre eles o sândalo e a *ussira* (raiz do capim andropógon). Oleiros faziam potes de barro e todo tipo de objetos, como lâmpadas para a iluminação das casas. Nas zonas rurais, perto das cidades, eram cultivadas flores, como o lírio d'água, o lótus e o jasmim, com as quais se faziam guirlandas, inclusive para ofertar nos rituais. Joalheiros e vendedores de ornamentos faziam bons negócios não apenas nas castas mais altas, mas também entre os sem casta, os párias (filhos de pais de castas diferentes), que também se vestiam de forma ornamentada. Havia também comerciantes de bebidas alcoólicas, e nas tavernas e em outros lugares se praticavam jogos de azar, especialmente com dados.

Arquitetos e carpinteiros construíam casas mais ricas e menos ricas, com tetos piores ou melhores, com vigas e traves, e bem ou mal-rebocadas. Construíam também muralhas, terraços e a residência do rajá. Faziam-se também móveis, como mesas, camas e cadeiras, pesados carros de boi para transporte e leves carros de guerra, além das carruagens reais. Havia domadores de elefantes, de mulas e de cavalos, armeiros, frecheiros e charreteiros.

Entre os profissionais, destacavam-se os irrigadores, pois a base da economia era a agricultura, praticada pela casta dos sudras. A fortuna era principalmente medida pelo número de filhos e de gado (o pai do próprio Buda cuidava pessoalmente do seu rebanho). Plantavam-se cereais e mostarda (para extrair óleo de cozinha) em lavouras muitas vezes irrigadas e derrubavam-se florestas para plantar. Criavam-se cavalos, mulas e gado vacum para tração, couro e leite, e porcos bem-alimentados com lavagem. Os vaqueiros usavam chicotes e varas para tocar os animais, tomavam conta dos bezerros ainda não desmamados, dividiam o campo em pastagens e contavam o gado. Os agricultores limpavam os campos, retirando as ervas daninhas, cuidando para não cortar as mãos com capim *cussa*, muito afiado, e separavam o joio dos cereais, que descascavam. Havia cavalos de várias qualidades, sendo famosos os de Síndi, no atual Paquistão. Os membros das classes mais privilegiadas se identificavam com os touros, símbolo da força tranquila, e com os corcéis, símbolo da virilidade ativa. Colhia-se o mel, pescava-se e caçava-se. Os caçadores camuflavam-se atrás de cortinas de pau para não espantar a caça. Também utilizavam armadilhas para pegar lebres, e redes e visgo para capturar aves.

Nas florestas, onde havia pequenos santuários, entre outros animais viviam macacos, tigres e elefantes selvagens. O mata-pau estrangulava as árvores. Nos lagos, onde crescia o junco, cisnes nadavam e garças pescavam. Nos campos e nas cidades constantemente crocitavam os corvos, como ainda hoje, e revoavam bandos de pássaros.

As castas se dividiam em clãs (a de Buda era a dos Xáquias), e a família, incluindo avós, pai, mãe, filhos, tios, primos e demais parentes, era a base da sociedade e da economia. Eram muito estimadas as grandes reuniões de familiares, que se congraçavam ritualmente, e incentivado o respeito ao pai, à mãe e aos mais velhos. Aos jovens se aconselhava que acumulassem bens e saber antes da meia-idade. Os parentes que retornavam de viagem, sempre perigosa, eram muito festejados. No entanto, entre as classes mais pobres havia miséria, fome e doenças.

A matemática era conhecida, e na vida diária usavam-se múltiplos de quatro (um quarto, um dezesseis avos), inclusive para contar o gado. A unidade de medida de comprimento era a *yojana*, utilizada na medição dos campos e das áreas irrigadas. Já se conhecia a escrita; os que a dominavam eram muito admirados. No entanto, ela não era usada para fins religiosos, pois os textos sagrados eram decorados em cânticos, cantos e estrofes, como os do *Darmapada*, ditos por monges memorizadores.

Os seguidores de Buda e o próprio Buda – cujos cabelos, barba e sobrancelhas eram raspados – vestiam-se com mantos cor de açafrão. Viviam em mosteiros, em celas, durante a estação das chuvas, e, no período seco, viviam ao léu, em bandos, como andarilhos, ou nas florestas, onde vestiam farrapos. Os monges budistas eram divididos em três tipos: os Iniciantes, os Chegados à Corrente (aqueles que necessariamente atingiriam o nirvana) e os Dignos (*Aharant*, aqueles que já atingiram o nirvana). Apesar de todos os ensinamentos de Buda, havia rivalidades entre os monges por mando, por prestígio, por esmolas de comida ou roupas e por melhores celas. Havia monges de todas as castas – brâmanes, xátrias, vaixás, sudras e párias –, que deixavam os seus para viver a "vida sem lar". Nas famílias, a decisão de ser monge era tão respeitada quanto temida, pois perdiam-se parentes queridos e úteis.

Além dos monges budistas, havia ascetas que andavam nus, sujos de lama e com os cabelos emaranhados. Praticavam severo jejum, comiam com folhas de capim como talher, para tornar o ato de se alimentar um difícil sacrifício, e exercitavam incômodas posições corporais à procura da verdade. Alguns viviam nas florestas e geralmente se vestiam com peles de antílopes, das quais deixavam pender os cascos.

Os seguidores de Buda eram alimentados e vestidos graças a ofertas realizadas pela população leiga, o que prova a existência de uma economia capaz de criar excedentes destinados à manutenção de um grupo de religiosos-filósofos. Alguns reis, considerados eruditos, interessavam-se vivamente pelas questões de natureza filosófica, mística e religiosa. Chegavam a oferecer mosteiros inteiros a Buda e seus seguidores. Os mais ricos, por sua vez, procuravam ser respeitados pela fortuna, fama e conhecimento, mas também pela religiosidade.

Conheciam-se o oceano e as "montanhas cobertas de neve" (o Himalaia). O ano era dividido em três estações de quatro meses: verão, chuvas (monção) e inverno. Nas margens dos rios da região do Ganges, as enchentes podiam destruir aldeias inteiras. Os habitantes da região onde Buda pregava concentravam-se em cidades e aldeias ou viviam no campo, em planícies, algumas das quais eram artificialmente irrigadas, e também nas montanhas.

A VIDA DE BUDA

Buda (em páli, *Buddha* – lê-se /búd-dha/, com o h aspirado –, o Desperto, o Iluminado, o que compreendeu, o que sabe) viveu na Índia, segundo provas documentais e arqueológicas, de cerca de 563 a 483 a.C., sendo certo que tenha vivido oitenta anos. Seu nome era Sidarta Gáutama, do clã dos Xáquias, da casta dos nobres ou xátrias. Seu pai, Sudôdana, era um grande proprietário de gado e governador (rajá) da cidade e província de Capilvasto, no reino de Côssala, território hoje dividido entre a Índia e o Nepal. O sobrenome da família de Buda, Gáutama, é cognato perfeito do inglês *cow tamer* e, invertendo-se a posição dos dois radicais, do português "domador (de) gado".

Sidarta nasceu no bosque de Lumpíni, em terras hoje nepalesas. Sua mãe, Maia, morreu uma semana após o parto. Sidarta foi então criado por sua tia, Magnapajápate, segunda mulher de seu pai. Casou-se aos dezesseis anos com Iassôdara, sua prima paterna. Tinha vida principesca, o que é retratado nos lóbulos de suas orelhas, alongados pelo peso de joias preciosas.

Principalmente após o nascimento de seu filho Ráula (que significa "amarras"), ocorrido quando tinha 29 anos, passou a preocupar-se com a condição humana, ou seja, com o nascimento, a doença, a velhice, a morte, e com o sofrimento e as imperfeições do espírito humano. Logo depois, em cerca de 534 a.C., contra a vontade de seus pais e às escondidas, abandonou casa e família, raspou a barba, os cabelos e as sobrancelhas, fez-se um traje com restos de mortalhas sujas de terra (daí a cor de açafrão das roupas dos monges budistas) e foi viver de esmolas de comida, à procura de uma explicação para o sofrimento humano. Desapontado com dois mestres iniciais, passou a viver de forma errante até chegar à vila de Uruvela, onde, às margens do rio Neranjara, viveu seis anos na mais rigorosa ascese, com práticas de automortificação e jejum. Convencido de que essas práticas não o levariam a seu objetivo, passou novamente a alimentar-se e dedicou-se à meditação.

O despertar, ou a Iluminação, veio em cerca de 528 a.C., quando, após percorrer com a mente todos os diferentes mundos existentes, compreendeu o que é o sofrimento humano, qual sua origem e qual o caminho para com ele cessar, ou seja, extinguir todo desejo, ódio e ilusão. Como homem perfeitamente iluminado, atingiu em vida o nirvana; em outras palavras, libertou-se do ciclo de vidas e mortes a que estamos submetidos, justamente por ter aniquilado aqueles três sentimentos. Inicialmente com dúvidas a respeito de se deveria compartilhar com a humanidade a descoberta, decidiu – movido por compaixão pelos seres não libertos e sofredores – dedicar-se ao ensino do que compreendera. Tinha então 35 anos.

Seu primeiro sermão – "Iniciando o movimento da roda do darma" – foi proferido em Saranate, perto de Benares, a atual Varanássi. A partir desse momento, foi cercado por um número crescente de discípulos. Para tanto, valeu-lhe não apenas sua prédica, mas também sua personalidade harmoniosa e contida, dotada de grande magnetismo, sua aparência majestosa, suas maneiras nobres e sua grande cortesia, características que até hoje são lembradas pelos habitantes das regiões por onde passou, no norte da Índia, tão forte foi a marca de suas qualidades. Sobretudo nas terras a nordeste do rio Ganges, hoje divididas entre a Índia e o Nepal, Buda predicou durante 45 anos até sua morte, em cerca de 483 a.C. Morreu em Cussínara, devido a uma intoxicação alimentar causada pela comida para ele preparada pelo ferreiro Txanda.

O corpo de Buda foi cremado uma semana após sua morte, e suas cinzas foram distribuídas entre sete famílias principescas da região e o brâmane Vetádipa, que oficiou a cerimônia. Sobre suas cinzas guardadas em urnas foram erigidos monumentos chamados estupas. Em 1898, em Píprava, perto de Capilvasto, três metros abaixo de uma estupa provavelmente erigida pela família de Sidarta Gáutama, foi encontrada uma urna com a seguinte inscrição: "Esta urna, com as cinzas do exaltado Buda, do clã dos Xáquias, é uma oferenda de Súquite, seus irmãos, suas irmãs, filhos e mulheres". Em 1958, novas relíquias foram encontradas em Vessáli, que no tempo de Buda era a capital dos Litxaves, uma das sete famílias principescas que receberam uma das urnas com suas cinzas.

O BUDISMO

O budismo dificilmente pode ser considerado uma religião, nos moldes do Ocidente. Buda foi um homem, e nada do que disse pode pressupor que fosse um deus. Ao contrário: não há culto a qualquer divindade e não há propriamente um ritual no budismo. Existem, sim, formas de reverência a Buda (oferenda de flores e incenso e o costume de curvar-se três vezes – por ele, por suas palavras e pelos monges budistas) como homem excepcional, cujo exemplo e ensinamentos devem ser seguidos para que se consiga a felicidade nesta vida e a eventual extinção – o nirvana – do ciclo de vidas e mortes. Falta, além disso, no budismo, o principal elemento das religiões ocidentais, que é justamente a ligação (a palavra religião vem de *religare*, em latim) com um ou diversos deuses. Assim sendo, a principal preocupação do budismo, por ter sido a de Buda, é com o homem como ser sofredor neste mundo. O budismo é muito mais uma prática destinada a terminar com o sofrimento dos seres humanos durante a vida e extinguir o carma, o que resulta no nirvana, o fim do ciclo de vidas e mortes, também chamado de samsara.

Também não se preocupa o budismo em atrair novos adeptos. Buda chamou seus ensinamentos de *ehipassika*, de "ver e vir", ou seja, devem abraçar o budismo aquelas pessoas que estão convencidas de que seus ensinamentos efetivamente trazem resultados no sentido de resolver os problemas da condição humana. Por outro lado, refletindo os ensinamentos de Buda, especialmente sua famosa conversa com a tribo dos calamas, o budismo trata de desenvolver em seus adeptos, atuais ou futuros, o espírito crítico em relação à própria doutrina budista. Não há, por isso, fé, mas convicção, certeza, confiança, que se criam com a prática.

Na verdade, o budismo se considera uma lei natural, que é uma das traduções da palavra "darma". Seguir o darma é ser budista. Quem pratica o bem, colhe o bem; quem pratica o mal, colhe o mal, nesta e noutras vidas: é uma lei natural. O fato de que tal prática do bem ou do mal tenha consequências depois de nossa morte não é em si uma questão religiosa. Nosso carma, o somatório das atitudes de nossa mente quando em vida – boas, neutras ou más – continua depois da morte, reaparecendo em mundos mais ou menos aventurados, segundo predomine o bem ou o mal na existência anterior. Esse fenômeno pode ser factualmente observado como uma característica da natureza, através da meditação, tal como ensinada na tradição deixada por Buda. O samsara é esse ciclo de reaparecimentos a que o carma está submetido. É também um fato natural que quem vive inteiramente de acordo com o darma deve atingir o nirvana, a extinção do carma, o fim do samsara. O nirvana, assim, não é um estado após a morte. É um não-estado. É a extinção.

Ainda que a mente dos homens seja capaz de atingir o nirvana e os que o conseguem são igualmente chamados de budas (Iluminados) ou dignos (*Arahant*), essa é uma difícil empresa que só poucos atingem, pois depende da imensa acumulação de boas ações vindas de carmas passados. Como, por outro lado, o nirvanar-se depende da total extinção do desejo, do ódio e da ilusão, o que é praticamente impossível de acontecer para quem continua a viver no mundo laico, o nirvana só poderá ser realizado por aqueles que se transformarem em monges. Assim, a grande maioria dos seres humanos melhor faz em preocupar-se primordialmente com o bem-estar e a felicidade, próprios e dos outros, neste mundo, o que necessariamente decorre da prática do bem e de uma mente bem-treinada. Tais práticas, ademais, possibilitarão, após a morte, o reaparecimento de nosso carma, segundo seu teor de bondade ou de maldade, em mundos mais ou menos felizes do que o nosso, onde igualmente será maior ou menor a possibilidade de praticar o bem, o que, em última análise, condicionará a possibilidade de o nirvana ser realizado em vidas futuras, e, por conseguinte, a libertação do ciclo de vidas e mortes, o samsara.

Não é que Buda tenha negado a existência de deuses. Ao contrário: através da meditação budista (ver adiante) se pode passear com a mente por todos os *loka*, mundos, níveis de existência, universos paralelos de número infinito (ver notas do primeiro capítulo), e constatar que em muitos deles havia seres de vários tipos. Em um *loka*, Buda encontrou "entes que se consideram eternos e criadores de mundos", os quais poderiam ser identificados com os deuses de algumas religiões. Nesse mesmo processo, Buda também constatou níveis de existência que poderiam ser chamados de "celestes" ou "infernais", segundo a terminologia do cristianismo. Apesar de não negar a existência de entes que os homens consideram deuses imortais, o budismo não se preocupa em relacionar-se com eles, mas sim em fazer com que, pela prática do darma, possamos nesta vida (ou em existências futuras) viver com o mínimo possível de sofrimento e eventualmente deixar o ciclo de vidas e mortes a que estão inevitavelmente submetidos todos os seres, quer se encontrem nos "infernos", neste mundo, ou nos "céus". Ressalve-se, contudo (por isso as aspas), que todos os mundos, "celestes" ou "infernais" (incluindo-se o nosso), são compostos por seres passageiros, não eternos – daí a impropriedade de utilizarem-se, no budismo, termos de outras religiões.

Doutrina e prática

Em certa ocasião, Buda disse a seus discípulos que a diferença entre o que sabia e o que ensinava era tão grande quanto a diferença entre a quantidade de folhas da floresta em que se encontrava e as que tinha em sua mão. Assim o fazia porque o demais não era útil para o libertar-se do samsara. Mais diretamente, respondendo a questões sobre as características do universo colocadas pelo discípulo Malunquiaputra, Buda também considerou inúteis essas especulações "porque não são fundamentalmente ligadas à vida espiritual, à plena realização, ao nirvana". Em outras palavras, o homem é limitado em seu conhecimento. Especulações metafísicas e religiosas não nos tornam mais felizes e são, sobretudo, incapazes de resolver os problemas com os quais nos deparamos em nossa existência humana. "O que eu ensinei, Malunquiaputra? Expliquei o sofrimento, a origem do sofrimento, a cessação do sofrimento e o caminho que leva à cessação do sofrimento."

Por isso, não existe no budismo uma explicação, metafórica que seja, sobre a origem do universo e do homem. De qualquer maneira, as palavras de Buda indicam que a realidade é um processo sem início ou fim, pois tudo o que existe é fenômeno cujo aparecimento depende de certas condições anteriores, e, desaparecendo estas, desaparece o fenômeno. O budismo é essencialmente prático, e sua doutrina se concentra na solução do sofrimento humano.

Assim, a doutrina de Buda pode ser sintetizada nas Quatro Nobres Verdades, que foram, aliás, objeto de seu primeiro sermão, chamado posteriormente de "Iniciando o movimento da roda do darma" e, conforme vimos, dado originalmente em Saranate, em cerca de 528 a.C., quando tinha aproximadamente 35 anos.

A Primeira Nobre Verdade é a do sofrimento ou *dukkha* (lê-se /dúk-kha/, com o h aspirado, como em inglês). Essa palavra é de difícil tradução. Ainda que *dukkha* queira dizer sofrimento – dor física, tristeza, amargura, tormentos –, assim se opondo a *sukkha* – felicidade, prazer, bem-estar –, o conceito engloba ideias centrais na visão do mundo que Buda transmitiu, quais sejam: impermanência e insubstancialidade. Assim, *dukkha* é também o nascimento, as paixões, a velhice e a morte, a finitude. Buda constatou que o estar no mundo traz sofrimento, e este se origina da transitoriedade de tudo o que existe e da insubstancialidade de todos os fenômenos, tanto as mais diminutas partículas dos átomos quanto a totalidade das galáxias. Sempre prático, disse em seu primeiro sermão: "Nascer é sofrimento, envelhecer é sofrimento, adoecer é sofrimento, morrer é sofrimento; tristezas e lamentos, dor, amarguras e desespero são sofrimento; estar perto de quem não queremos é sofrimento; e longe de quem queremos é sofrimento; não conseguir o que queremos é sofrimento; em suma, os cinco candas (*khanda*) [chamados de sancara (*sankhara*) em seu conjunto, ver adiante] são sofrimento". Buda constatou que a existência do homem é marcada pelo sofrimento, como um médico que faz um diagnóstico correto com o objetivo de extirpar um mal. Isso não é pessimismo, mas realismo.

Tanto é assim que Buda referiu-se em sua prédica à felicidade da vida em família, da vida dos monges, à felicidade dos prazeres sensoriais, à felicidade física, à felicidade mental, à felicidade da renúncia, do relacionar-se, à felicidade do distanciar-se do mundo laico e, sobretudo, à extrema felicidade de quem aqui atingiu o nirvana. No entanto, apenas quando nos damos conta de que a realidade é sofrimento e não felicidade poderemos entendê-la corretamente. É fácil constatar que tudo constantemente muda e que a mudança nos causa sofrimento, que tudo termina e que isso também nos causa sofrimento. Mas é difícil aceitar que essa característica seja central na realidade.

A verdade do sofrimento pode ser vista sob três aspectos: 1) o sofrimento propriamente dito, como o nascimento, a velhice, a doença, a morte, estarmos ligados a pessoas ou situações desagradáveis, estarmos afastados de pessoas ou situações agradáveis, não conseguirmos o que queremos, e assim por diante; 2) o sofrimento que traz a mudança, uma vez que as situações de felicidade logo mudam e se transformam em seu oposto, pois nada é permanente; 3) o sofrimento que necessariamente decorre da condicionalidade ou sancara, pois a realidade é composta de fenômenos condicionados. Para que algo exista é necessário que, num processo sem início e nem fim, haja uma causa anterior, geralmente um conjunto de causas. Isso faz com que a realidade seja I) *impermanente*, pois desaparecendo uma das causas desaparece o fenômeno, e II) *insubstancial*, sem nenhuma essência, pois eliminando-se os componentes de um fenômeno, nada sobra dele. Aqui estão, ao lado do sofrimento ou *dukkha*, os dois outros conceitos básicos da visão do mundo de Buda: a impermanência ou *anicca* (lê-se /anit-txá/) e a insubstancialidade ou *anatta* (lê-se /anat-tá/).

Dessa maneira, o que vemos como o eu, o que sentimos como o eu, nossa individualidade não passa de uma sempre cambiante combinação de fenômenos físicos e mentais que levam necessariamente ao sofrimento.

O aparente "eu" é composto por cinco candas, sendo canda termo geralmente traduzido como "conjunto de vinculações à existência":

1) canda da matéria (o corpo, no qual estão incluídos os seis órgãos dos sentidos – mais a mente – e todos os objetos tangíveis);
2) canda das sensações (as que temos através dos órgãos dos sentidos, todas a sensações físicas e mentais);
3) canda das percepções (produzidas pela interação de nossos seis órgãos sensoriais com a realidade externa);
4) canda das elaborações mentais (toda forma de ideias, pensamentos e sentimentos, inclusive a volição, boa, má ou neutra, de cuja soma resulta o carma);
5) canda da consciência (que é formada pelos quatro conjuntos anteriores).

De maneira muito breve, são esses os cinco candas que nos mantêm ligados ao existir, chamados, como grupo, de sancara. O que nós chamamos de "um ser", "um indivíduo", "o eu" ou "eu" é apenas um nome conveniente, um rótulo para designar o conjunto dos cinco candas, que estão em constante mudança e são por isso transitórios. Assim, disse Buda: "*Yad aniccam, tam dukkham*" – "Se impermanente for, sofrimento é". Ou como disse ao discípulo Ratapala: "O mundo é um fluxo contínuo e impermanente", assim como é o nosso eu.

Por isso, nada há de permanente em nós, nem mesmo o que se chama de espírito, de alma, de ego, de individualidade ou de eu. Poderíamos retrucar que só o corpo, só as sensações, só as percepções, só as elaborações mentais e só a consciência não poderiam ser chamados de eu; mas sim estes cinco aspectos tomados em conjunto. Porém, esta é uma ideia falsa, uma elaboração mental do quarto canda, a ideia do eu (em páli, *sakkaya-ditthi*).

Os cinco candas, que chamamos de eu, são o próprio sofrimento: impermanência e insubstancialidade. Não há nenhuma "essência", "alma" ou "eu" por trás dos candas, por trás do sancara. Como disse Budagossa, grande monge e comentarista cingalês do século V:

> O sofrimento existe
> e não o sofredor.
> Os atos, sim, existem,
> mas não o seu ator.

Essa constatação não faz do budista um soturno; ao contrário. Um dos principais problemas da vida, segundo os budistas, é o ódio, a aversão ou a repugnância, explicada como "má vontade em relação aos seres vivos, ao sofrimento e ao que se relaciona com o sofrimento". De forma que não é certo demonstrar impaciência com o sofrimento. Ela não o elimina. Ao contrário, apenas o acentua. O que é necessário é compreender o sofrimento. A aceitação da Primeira Nobre Verdade é o primeiro passo nesse sentido.

Citemos agora o rei de Côssala, que disse serem os discípulos de Buda, ao contrário dos das outras seitas (que lhe pareciam desfigurados, grosseiros, sem presença e esquálidos), "alegres e cheios de vida, felizes e entusiasmados, apreciando a vida espiritual, satisfeitos, livres de ansiedade, serenos, pacíficos e vivendo com o coração das gazelas", ou seja, com o coração leve e livre.

Disse Buda: "Quem vê o sofrimento, também vê como o sofrimento aparece, também vê como o sofrimento cessa e também vê o caminho que faz com que o sofrimento cesse".

A Segunda Nobre Verdade é a da origem do sofrimento. Segundo disse Buda, são os desejos a origem do sofrimento. Buda geralmente utilizava a palavra "sede" (*tanha*, diz-se /tã-há/, com o h aspirado) para designá-los nesse contexto, pois queria indicar como os desejos, por mais que os saciemos, sempre voltam, como a sede, se deixamos de beber. Assim, Buda disse: "É essa sede que causa o reexistir, que se liga ao querer satisfazer-se nos prazeres e que se sacia ora aqui, ora ali; ou seja, a sede pelos prazeres sensuais, a sede de querer existir e a sede de querer cessar com o ciclo de vidas e mortes". A origem do sofrimento, pois, são os desejos (a "sede"), a ânsia de satisfazer-se, e tanto o desejo de permanecer nesta existência como o de querer extinguir o samsara. Não se trata apenas da "sede" por coisas materiais, pelo poder, pela riqueza, pelas pessoas e pelos prazeres sensuais que causam sofrimento. Também o originam a "sede" pelas ideias, ideais, pontos de vista, opiniões, teorias, crenças etc.

Dessa forma, são os desejos a própria razão da permanência do samsara, ou seja, do ciclo de vidas e mortes, pois são eles que formam o carma, que reaparece após a morte, em mundos mais felizes ou infelizes do que o nosso, de acordo com o somatório de nossas intenções boas, más e neutras.

A palavra carma, do sânscrito *karma* (em páli, *kamma*), significa agir, fazer, atos, feitos, ação. No entanto, carma, no budismo, não deve ser confundido com os atos propriamente ditos. Carma indica, sim, nossa volição, negativa ou positiva, ou seja, a intenção boa, má ou inócua. O carma é um fato, um movimento mental. O resultado desse movimento da mente é chamado de "fruto do carma". Assim, no budismo, a ideia de carma é completamente diferente da existente em outros contextos religiosos. O carma não é uma expiação de atos maus ou uma punição por eles, nem um prêmio por atos bons. É uma lei natural que faz com que o bom carma produza bons resultados e o mau carma, maus. Isso ocorre tanto neste nosso mundo como em outros.

Após a morte, a permanência do carma em mundos mais felizes ou infelizes do que o nosso também é uma lei natural. Isso porque todo ser vivo é uma combinação de forças e energias físicas e mentais. A morte é a degradação do corpo físico. Mas a vontade, o desejo, a volição, o desejo de existir, de crescer, de possuir são tremendas forças que movem vidas inteiras, existências inteiras, que movem o próprio mundo. Essa é a maior força, a maior energia no Universo. Segundo Buda, essa força não cessa depois da degradação do corpo – a morte –, mas continua a manifestar-se de outra forma, reaparecendo neste ou em outros mundos.

Mas se, como vimos, não existe um "eu" ou essência, o que é, então, que reaparece? Todo o ser vivente é formado pelos cinco candas em constante mudança. Buda disse: "Quando os candas aparecem, se desagregam e morrem, ó monge, a cada momento tu nasces, te desagregas e morres". Assim, o velho é e não é a criança que foi. Somos um processo. Mudou o corpo, mudou a mente, mudaram seus sentimentos, perderam-se muitas lembranças, muitas vezes todas as do passado. Assim, após a morte, desagrega-se o corpo, mas reaparece neste ou em outro mundo a energia do carma, de tal maneira que este não é nem aquela pessoa, nem outra, como o velho e a criança, ou, como Buda disse: "Nem ele nem outro". O que permanece após a morte não é o eu, que nunca existiu, mas o carma, que é uma força vital, natural.

Assim, o carma, os desejos, a volição, as intenções, todos originam o reexistir e, por isso, o sofrer, pois, conforme vimos, nascer é sofrer, morrer é sofrer, em suma, desejar é sofrer. Por isso, ponto muito importante, Buda viu que a origem do sofrimento está no próprio sofrimento, não fora dele. Como consequência, o fim do sofrimento, a possibilidade de que cesse, também está dentro do próprio sofrimento. Disse Buda: "Tudo o que tenha a ver com a origem dos fenômenos tem a ver com a extinção dos fenômenos".

A Terceira Nobre Verdade é a da extinção do sofrimento. Para eliminarmos o sofrimento, temos de cortar sua origem, ou seja, os sentimentos que nos levam a querer e a não querer. Extintos esses, é atingido o nirvana. Disse Buda: "Monges! o que é o nirvana? É a extinção do desejo, é a extinção do ódio, é a extinção da ilusão." Mas o que é o nirvana? A única coisa que se pode dizer a respeito é que as palavras são insuficientes para descrevê-lo. É uma experiência extrassensorial e individual, impossível de ser transmitida a terceiros. Talvez por isso o nirvana seja geralmente descrito em termos negativos, ou seja, a Extinção da Sede (dos desejos!), o Não Condicionado ou a Ausência de Desejo. Nirvana (*nirvana*, em sânscrito, *nibbana*, em páli) quer justamente dizer extinção (do carma, da "sede"). Por isso, o nirvana não é a extinção do eu, pois o "eu" é uma ilusão. É a extinção do ódio, da ilusão e do desejo, o fim do carma, do samsara, o constante reexistir.

Nessas condições, a definição mais importante que se deve fazer sobre o nirvana é que não se trata de um estado no qual se ingresse. Não. O nirvana é, sim, a cessação dos desejos, mas, como extinção, não está em lugar nenhum. Trata-se do fim do samsara, do ciclo de reaparecimentos do carma, para os indivíduos que o atingem. Todavia, pode ser atingido ainda em vida, sendo os que isso conseguem chamados de *Arahant*, ou dignos. Então, o nirvana é descrito como Felicidade Suprema, Liberação Total ou Verdade Absoluta. Por isso, o próprio Buda disse: "Eu vos ensinarei a Verdade e o Caminho da Verdade"; nesse contexto, verdade é sinônimo de nirvana. Resumindo: está ele além de toda dualidade ou relatividade, além do bem e do mal, do certo e do errado, da existência e da não-existência. A própria palavra felicidade, usada para descrevê-lo, deve ser tomada com cuidado. Desse modo, Sariputra, um dos grandes discípulos de Buda, disse: "Amigos, nirvana é felicidade!", diante do que Udayi perguntou: "Mas caro Sariputra, como pode haver felicidade se não há sensações?". "Justamente por não haver sensações é felicidade." Em suma, o nirvana, segundo as palavras de Buda, deve ser "atingido pelo homens sábios, dentro de si mesmos". É experiência indescritível, não sendo nenhum estado, não estando em nenhuma parte, é a extinção do carma e, quando atingido em vida, é a Suprema Felicidade.

A Quarta Nobre Verdade é a do caminho que leva à extinção do sofrimento. É também conhecida como o Caminho do Meio, pois evita os extremos da procura da felicidade nos prazeres, de um lado, e da mortificação, de outro. Tendo ele próprio experimentado esses extremos, Buda, pela meditação, deu-se conta de que o Caminho do Meio "leva à calma, às verdades internas, à iluminação, ao nirvana". A Quarta Nobre Verdade, o Caminho do Meio, é composta pelos Oito Nobres Caminhos, sendo assim especificada:

1. Compreensão Correta
2. Pensamento Correto
3. Palavras Corretas
4. Ação Correta
5. Meio de Vida Correto
6. Esforço Correto (*Samma-vayama*)
7. Correta Reflexão (*Samma-sadi*)
8. Correta Introspecção (*Samma-samadhi*)

Praticamente toda a prédica de Buda, feita ao longo de 45 anos, foi dedicada a explicar esses oito aspectos do Caminho do Meio. Já em seu tempo, os Oito Caminhos foram divididos em três partes para serem melhor compreendidos, quais sejam, Conduta Ética, Disciplina Mental e Sabedoria.

A Conduta Ética (itens 3, 4 e 5 dos Oito Caminhos) se baseia na ideia do amor universal e na compaixão por todos os seres viventes, esteio dos ensinamentos de Buda. Buda resolveu passar adiante sua profunda e veraz intuição das coisas, a Iluminação, "para o bem geral, para a felicidade geral, por compaixão pelo mundo". Assim, todo indivíduo deve cultivar e desenvolver a compaixão e a sabedoria. Nesse contexto, compaixão significa amor, caridade, gentileza, tolerância e qualidades semelhantes quanto ao aspecto emocional, ou, como costumamos dizer, qualidades do coração. Por outro lado, a sabedoria representa as qualidades racionais do ser humano – as qualidades da mente. Se desenvolvemos apenas o lado emocional, somos incompletos; a mesma coisa acontece caso desenvolvamos apenas o aspecto racional. No budismo, sabedoria e compaixão são inseparáveis.

A Conduta Ética, pois, inclui as Palavras Corretas (item 3), ou melhor, o Discurso Correto, ou seja: abster-se de mentir, de maldizer, de caluniar, de difamar, de utilizar a palavra para criar ódio, inimizade, desunião e falta de harmonia entre as pessoas e os povos. Da mesma maneira, devemos abster-nos de falar de maneira agressiva, dura, rude, ofensiva, pouco cortês, grosseira, ou de falar apenas por falar. Se não encontramos algo útil, benevolente e agradável para dizer, devemos manter "nobre silêncio".

Inclui também a Ação Correta (item 4), a que se dirige a promover comportamento moral, honrado e pacífico. Daí não devermos matar ou causar a morte, roubar, envolver-nos em atividades escusas e em relacionamento sexual ilegítimo. Ao contrário: devemos ajudar os outros a levar ou a encontrar uma vida honrada e pacífica.

Finalmente, o Comportamento Ético inclui o Meio de Vida Correto (item 5), que significa conseguir sustento sem causar o mal aos outros, como o comércio de armas, tóxicos (inclusive o álcool), venenos e a morte de animais causam. Por isso, entendemos por que Buda se opôs tão fortemente a qualquer tipo de guerra.

Sem a tripla Conduta Ética é impossível progredir espiritualmente.

Já a Disciplina Mental é composta pelo Esforço Correto (item 6), pela Correta Reflexão (item 7) e pela Correta Introspecção (item 8). O Esforço Correto (*vayama*) é o enérgico desejo de evitar o mal e que se criem em nós (e nos outros) estados mentais deletérios e, ao mesmo tempo, deles livrarnos caso apareçam, desenvolvendo e dando força aos estados mentais sadios e construtivos. É, por exemplo, a constante vigilância (ver Capítulo II, p. 47). A Correta Reflexão (*sadi*) é estar diligentemente consciente, vigilante quanto às atividades corporais, às sensações ou aos sentimentos, às atividades da mente e às ideias, pensamentos, concepções mentais e demais fenômenos mentais. Seria o que os ocidentais chamam de meditação, mas seria errôneo empregar tal termo aqui, pois no budismo esse termo tem um significado particular e próprio. Seja como for, a Correta Reflexão é conseguida por exercícios, como a consciência do ato de respirar, que leva à consciência do funcionamento do corpo, dos estados emocionais, das atividades da mente e do próprio pensamento elaborador de ideias etc.

O terceiro e último fator da Disciplina Mental é a Correta Introspecção (*samadhi*), que leva a intuições profundas sobre a verdade última, sobre o ser, o existir e o sofrer. No primeiro estágio, cessam os desejos; no segundo, toda atividade intelectual, com sensação de suma felicidade; no terceiro, termina esse mesmo sentimento de felicidade, chegando-se ao que poderia ser descrito como disposição à equanimidade; no quarto, cessam todas as sensações, de felicidade e infelicidade, de tristeza e alegria, restando apenas um estado semelhante a pura equanimidade e consciência. É o *samadhi*, sinônimo também de calma absoluta, condição para que se chegue ao *jhana* (em sânscrito, *dhyana*), estado mental que necessariamente leva ao nirvana (vide Meditação budista, p. 31).

Dos Oito Caminhos, sobram então o Pensamento Correto (item 2) e a Correta Compreensão (item 1), que constituem a Sabedoria. O Pensamento Correto é o de renúncia e distanciamento, aquele relacionado com o amor e a não-violência para com todos os seres. Note-se que esses sentimentos são incluídos na rubrica da Sabedoria. A Correta Compreensão, por sua vez, é termos a capacidade de ver as coisas como são, sem ilusões. Voltamos às Quatro Nobre Verdades sobre o sofrimento, pois a Correta Compreensão é saber vê-las como verdade e por elas agir. Essa sabedoria é a suma sabedoria, que conduz à realidade última, máxima, definitiva, ou seja, ao nirvana.

Conclui-se, de tudo o que precede, que o budismo não é uma religião; não há crenças, orações, rituais ou cerimônias. É, sim, um sistema de autodisciplina mental que leva, num primeiro estágio, a uma maior felicidade em vida e, no estágio supremo, ao nirvana, à extinção do carma, ao fim do samsara.

As Cinco Virtudes

No entanto, como já dissemos, a possibilidade de nirvanar-se é obra para pouquíssimos. Condição essencial é afastarmo-nos do mundo, assumindo a condição de monges. Esses, além de deverem seguir à risca os Oito Nobres Caminhos, seguem regras particulares e detalhadas de conduta. Para o homem comum, o budismo, sempre prático, aconselha as Cinco Virtudes, quais sejam: 1) não destruir vida, 2) não roubar, 3) não cometer adultério, 4) não mentir e 5) não intoxicar-se com bebidas ou drogas. Esse mínimo pode assegurar, se bem praticado, maior felicidade, além de causar a felicidade dos outros. Sempre com esse espírito prático, não há iniciação para que nos transformemos em budistas. Basta "encontrar refúgio" em Buda, no darma e na sanga (ver Termos intraduzíveis, p. 37). Ser budista é crer que a palavra de Buda pode aumentar nossa felicidade após, no entanto, termos diretamente vivenciado as consequências positivas da prática do darma. Repetimos aqui o que dissemos anteriormente: as práticas ritualizadas dos budistas não são reverência a um deus ou a deuses. São, sim, demonstrações de respeito a um homem, Sidarta Gáutama, Buda, o Iluminado, por ter causado a felicidade de quem o segue, por ter mostrado o Caminho do Meio, que pode, nesta vida, levar-nos à Grande Liberação, ao nirvana.

A MEDITAÇÃO BUDISTA

Em páli, "meditação" equivaleria a *bhavana* (lê-se /b-havana/, com o h aspirado como em inglês), que quer dizer, entre outras coisas, desenvolvimento, cultivar algo ou a si mesmo. A meditação budista não é a procura de um estado mental em que tenhamos sentimentos místicos, de conhecimento e felicidade transcendentais (se bem que esses possam aparecer), nem a procura de descanso mental. O que se procura é purificar a mente, pureza no sentido budista, ou seja: livrarmo-nos do desejo, da ilusão e do ódio, com vistas a chegarmos ao nirvana. Diferentes estágios da meditação budista foram vistos nos três últimos itens dos Oito Nobres Caminhos – a Disciplina Mental, por eles preconizada. Nesse processo, podem surgir estados semelhantes à sensação mística (como na Correta Introspecção, ou *samadhi* – lê-se /samad-hi/, com h aspirado). Esse estado místico – chamado de *prajna* (lê-se / prádj-na/) na meditação budista – nada tem a ver com a realidade, a verdade (ou seja, o nirvana, objetivo final do budismo), pois é ainda a procura do prazer, e não a ausência dele, que leva àquele objetivo máximo. O prazer do *prajna* era atingido antes do nascimento de Buda e o é ainda hoje pela meditação transcendental do hinduísmo. A respeito, disse Buda que o *prajna* é uma criação da mente, produzido pela mente e por isso fenômeno condicionado, e, por conseguinte, passageiro e prenhe de todas as características desse tipo de fenômeno. Não consegue, pois, levar-nos à liberação final, ao nirvana. O que Buda fez foi descobrir outra forma de meditação, que chamou de *vipassana* (clara visão). No entanto, a Disciplina Mental é que cria o estado mental anterior à Iluminação, ao nirvana, conseguido quando atingimos o *jhana* (lê-se /dj-hana/, com h aspirado). Atingido este, em seus quatro estágios, vemos de maneira insofismável que tudo o que Buda pregou é a verdade – aqui, sinônimo de nirvana, finalmente alcançado.

A meditação budista foi explicada por Buda no sermão chamado "Sutra do estabelecimento da consciência" e pode ser aprendida por quem a ela se dedique. Desse modo, é, em última análise, um método de constatar-se a verdade dos ensinamentos de Buda e de chegar-se ao nirvana.

A IMAGEM DE BUDA

A imagem do Buda sorridente e gordo, muito popular em todo o Ocidente, não é a do homem que proferiu os versos do *Darmapada*, que, como vimos, nasceu e morreu na Índia há mais de 2.500 anos e que se chamava Sidarta Gáutama. O buda gordo é o buda Maitria, o "Buda que Há de Vir", cultuado principalmente na China pelo budismo magnaiana. É o buda do futuro, representado com aquelas características porque dizem que iniciará uma era de abundância e alegria.

O Buda do clã dos Xáquias, o iniciador do budismo, só foi representado pela primeira vez cerca de seiscentos anos depois de sua morte, no século I, em Gandara, no norte da Índia, em esculturas de estilo indo-helênico, resultado das conquistas de Alexandre, o Grande. Anteriormente, não era o Buda, mas suas palavras (o darma) que eram representadas, em geral sob a forma de uma roda. As primeiras representações de Gandara, contudo, estabeleceram o padrão para a imagem do Buda histórico até os dias de hoje. Dessas, a mais conhecida entre nós é o famoso Buda de Camacura, no Japão. Mas todas representam-no com as principais características de seu corpo e espírito: esbelteza, calma, tranquilidade e introspecção.

O TEXTO DO *DARMAPADA*

Alguns meses após a morte de Buda, ainda em cerca de 483 a.C., seus discípulos se reuniram em Rajagarra e fizeram a primeira compilação de suas palavras, que naquele tempo não eram escritas, mas decoradas, embora a escrita já existisse. Assim, no congresso de Rajagarra, os sermões foram recitados principalmente por Ananda, primo e assistente pessoal de Buda nos últimos 25 anos da vida deste.

A prédica era em magádi, um prácrito (forma não erudita) do sânscrito. No entanto, a linguagem empregada por Buda não era o magádi utilizado pelas pessoas bem-situadas. Era uma forma popular. O fato é que Buda em seus sermões elaborou e cultivou o magádi popular a tal ponto que esse modo de falar do povo adquiriu personalidade, altura e regras próprias. Passou, por isso, a ser conhecido como páli, que quer justamente dizer linha, norma, escritura canônica, texto budista. O páli foi, pois, invenção de Buda para ser entendido por todos, inclusive pelas classes mais baixas, cujos vocábulos e pronúncia preferiu. É como se o latim vulgar tivesse sido transformado em língua religiosa. Desse modo, o magádi popular transformou-se, por obra de Buda, no idioma do cânone páli, na língua dos monges budistas que o têm como texto sacro.

Por volta do segundo congresso de discípulos, em 383 a.C., as palavras de Buda foram traduzidas para várias línguas, a partir do páli, e transmitidas oralmente até o início do século I a.C. Então foram pela primeira vez escritas, em páli, no Ceilão. Seus sermões foram reunidos no Sutrapitaca ("cesto dos sermões", pois os textos foram escritos em folhas secas de palmeira guardadas em cestos), por sua vez dividido em coleções. O Darmapada foi incluído no Cudacanicaia (Coleção dos Sermões Curtos) do Sutrapitaca.

Buda predicava também em versos, que lhe vinham espontaneamente. O *Darmapada* é o único texto do extenso cânone páli a incluir as primeiras palavras de Buda ditas depois da Iluminação (versos 153 e 154), além de conter versos extremamente importantes (277, 278, 279) para a compreensão do cerne dos ensinamentos de Buda. Os versos do *Darmapada* não foram ditos em uma só ocasião, um logo depois do outro. Ao contrário: Buda os formulou espontaneamente durante todo o longo período em que predicou, em diversas situações, em diferentes sermões. Por isso, são recorrentes em outras partes do cânone páli. Segundo se pode provar, as estrofes foram arrumadas na ordem atual antes de 250 a.C. e, segundo a antiga tradição, já no primeiro concílio, ocorrido por volta de 483 a.C. De qualquer maneira, o texto páli do *Darmapada* que conhecemos hoje é o que foi escrito no Ceilão, em algum ano entre 88 e 76 a.C., junto, aliás, com todo o cânone páli. Existem textos antigos do *Darmapada* em chinês, em tibetano, em sânscrito e em alguns idiomas deste derivados, com ordem e número de estrofes diferentes dos encontrados no texto páli. Por outro lado, estrofes do *Darmapada* são encontradas em textos das religiões da Índia que antecederam o budismo, o que nada impede que Buda, que reformou essas religiões, os tenha dito. Além disso, estudiosos podem comprovar que algumas estrofes foram incluídas por memorizadores ou copistas; nada mais natural, numa obra que só se condensou em forma escrita cerca de quatrocentos anos depois da morte de Buda.

O cânone páli, ou seja, todos os ensinamentos de Buda durante os 45 anos de sua prédica escritos nessa língua, é o fundamento do budismo teravada, ou dos antigos, seguido hoje principalmente na Tailândia, Ceilão, Birmânia, Laos, Camboja e Vietnã. A escola Teravada procura seguir as palavras de Buda tal como por ele ditas, sem maiores interpretações, simplificações ou adendos de crenças populares anteriores ou posteriores à prédica de Buda. Essa escola faz parte do budismo hinaiana, ou do Caminho para Poucos, diferente do budismo magnaiana, ou do Caminho para Muitos, que se formou no século I a.C. e é seguido hoje no Japão, Coreia, China, Tibete e Nepal, e que tem, principalmente, o sânscrito como língua canônica.

O TÍTULO

O *Darmapada* (em páli, *Dhammapada*; em sânscrito, *Dharmapada*) compõe-se de duas palavras: *dhamma* (*dharma*) e *pada*. Esta, que significa pé e é cognata do latim *pes*, *pedis*, neste contexto deve ser traduzida por verso, estrofe, tal como também é possível em latim ou português. A primeira palavra possui vários significados. Escolheu-se a forma próxima do sânscrito, *dharma*, porque outro conceito central do pensamento oriental, *kharma*, foi adotado em português como carma. Darma, cuja etimologia indo-europeia liga-se a manter, suportar, formar (de que seria cognato direto), pode expressar as seguintes ideias, no budismo:

1) a realidade em sua totalidade, incluindo todos os fenômenos existentes;
2) as elaborações mentais (intenções, ideias, pensamentos, sentimentos etc.) em resposta a estímulos da realidade;
3) a Lei Natural que permeia a realidade;
4) os ensinamentos de Buda que expressam essa Lei Natural;
5) o comportamento ético baseado nos ensinamentos de Buda.

Assim, seria útil adotar-se o termo "darma", porquanto inexiste em português um vocábulo que possa expressar esses conceitos. No entanto, o título "Versículos do darma", que seria a tradução mais próxima de *Dharmapada*, pouco ou nada diria a pessoas não familiarizadas com o termo darma e sua riqueza de significados. Em função disso, *Dharmapada* poderia ser também traduzido por "Versos sobre a realidade", "Versos sobre a verdade", "A Lei Natural em versos", "Versículos do comportamento moral", "O comportamento ético em versos", ou, finalmente, o escolhido, por ser o mais simples, "A doutrina budista em versos".

A TRADUÇÃO

Foram consultados vários textos em páli do *Darmapada*. Em um deles, o páli foi escrito com caracteres tailandeses, tal como o apresentado por Sathienpong Wannapok ao lado de sua tradução para o tailandês e para o inglês. Em todos os outros textos utilizados para esta tradução, a língua falada por Buda foi transcrita em caracteres latinos. Os básicos foram os textos páli de O. von Hinüber e Norman, da Pali Text Society (1995), e o que acompanha a tradução para o inglês do *Darmapada* com comentários cingaleses explicativos do *Darmapada*, de Ross Carter e Palihawadana, da Oxford University Press. Foram imprescindíveis a gramática do páli e o dicionário páli-inglês da Pali Text Society, o dicionário páli-inglês de Robert Caesar Childers e o glossário páli-inglês de Dines Andersen com todos os vocábulos empregados no texto páli do *Darmapada*.

As questões de cunho doutrinário seguem as posições da escola teravada. Nesse sentido, a tradução tailandesa dessa escola possibilitou um ponto de vista oriental, há quase mil anos exclusivamente ligado ao budismo, totalmente desvinculado de um ponto de vista ocidental. Este, na verdade, tem prejudicado certas traduções europeias, que procuram igualar budismo e cristianismo. Ao empregarem termos consagrados em textos cristãos, criam-se distorções e más compreensões. É o caso da tradução de Juan Mascaro, publicada pela Penguin, que usa termos como "alma", "espírito" etc. Esta tradução evitou cuidadosamente essas limitações.

Devido à grande complexidade da métrica da poesia páli, baseada no ritmo obtido pelo jogo entre vogais longas e breves, é totalmente impossível tentar-se numa tradução para o português qualquer aproximação dessas características, simplesmente porque não existem em nosso idioma vogais longas e breves. Contudo, foi mantida a estrutura básica das estrofes, ou seja: utilizou-se, como no texto páli, o verso de oito, nove, dez, onze ou doze sílabas, sem rimas, e seguiu-se como regra o ordenamento das ideias tal como elas se apresentam em cada linha. Note-se que cerca de duas dezenas de estrofes misturam linhas de diferentes números de sílabas – característica que foi seguida. Sem dúvida, boa parte da beleza e da inspiração do texto páli foram perdidas com a presente tradução. Contudo, a língua portuguesa se prestou a grande economia de palavras, característica do texto páli original. Tanto o português como o páli são línguas indo-europeias, o que, por sua vez, possibilitou muitas vezes a escolha de palavras com radicais comuns em ambos os idiomas.

Além de precisão quanto aos termos técnicos do budismo, a principal preocupação desta tradução, no que diz respeito ao aspecto literário, foi tentar transmitir a maneira simples e clara com que Buda falava, no ritmo em que falava e com seus maneirismos pessoais ao falar. Seu principal objetivo, queremos crer, era ser clara e imediatamente compreendido, daí, por exemplo, sua escolha do magádi popular, seu estilo espontâneo, com o uso constante de metáforas belas ou fortes, e sua afabilidade ao dirigir-se a um ou mais interlocutores. Daí, também, a escolha da forma poética, em versos que lhe vinham espontaneamente, como a um repentista. Ou seja: foi nosso objetivo traduzir o texto páli como se o próprio Buda o estivesse dizendo. Por isso, a presente tradução pode ser lida em voz alta, sem interrupções, no ritmo normal de nossa língua.

Finalmente, a tradução foi finalizada após ter sido submetida, em seus aspectos linguísticos e filosóficos, ao Instituto de Pós-Graduação em Páli e de Estudos Budistas da Universidade de Kelaniya (na grande Colombo, Sri Lanka ou Ceilão), que desde 1875 se dedica ao estudo do budismo e da língua páli.

Termos intraduzíveis

Como concepção única e original do sofrimento do homem e de sua existência, o budismo criou uma série de conceitos ou os adaptou do hinduísmo, a ele anterior, que não podem ser traduzidos em qualquer idioma europeu. Toda tentativa de fazê-lo limita a originalidade e o verdadeiro conteúdo dos termos que expressam tais conceitos. Em qualquer cultura, é necessário aprender os vocábulos que denotam conceitos religiosos ou filosóficos mais profundos, que quase sempre não são automática ou imediatamente entendidos. Assim, pareceu-nos melhor adaptar ao português, sem traduzir, esses termos próprios do budismo, seja diretamente do páli, seja do sânscrito. São eles:

Canda – Do páli *khanda*. Em sua acepção original, o volume de um corpo, o tronco das árvores. Cada um dos cinco aspectos em que se divide o fenômeno que chamamos de "eu". Geralmente traduzido pela longa fórmula "conjunto de vinculações à existência". São eles: 1) canda da matéria (o corpo, no qual estão incluídos os seis órgãos dos sentidos – mais a mente! – e todos os objetos tangíveis); 2) canda das sensações (as que temos a partir dos órgãos dos sentidos, todas a sensações físicas e mentais); 3) canda das percepções (as produzidas pelo contato de nossos seis órgãos sensoriais com a realidade externa); 4) canda das elaborações mentais (todas as formas de ideias, pensamentos e sentimentos, a volição, boa, má ou neutra, da soma das quais resulta o carma e inclusive a falsa ideia do "eu"), também chamado de sancara (vide logo abaixo) e 5) canda da consciência (formado pelos quatro candas anteriores).

Carma – Do sânscrito *kharma*. É preciso que tenhamos sempre em mente que o conceito de carma no budismo é totalmente distinto do empregado no hinduísmo e no espiritismo. No budismo, carma é nossa intenção boa, má ou neutra, que precede o sentir ou o agir. Os atos decorrentes dessas intenções são o "fruto do carma".

DJANA – Do páli *jhana*. Último estágio da meditação budista (ver p. 31) que leva ao nirvana. Vide Samádi, nesta seção.

DARMA – Do sânscrito *dharma*. Tem cinco significados que se entrelaçam: 1) a realidade, em sua totalidade, incluindo todos os fenômenos existentes; 2) as elaborações mentais (intenções, ideias, pensamentos, sentimentos etc.) em resposta a estímulos da realidade; são os objetos da mente, assim como as formas são o objeto da visão, os aromas, o do olfato e assim por diante; 3) a Lei Natural que permeia a realidade; 4) os ensinamentos de Buda que expressam essa Lei Natural; 5) o comportamento ético baseado nos ensinamentos de Buda.

NIRVANA – Do sânscrito *nirvana* (em páli, *nibbana*). O termo já foi adotado em português, mas com significado diferente do empregado no budismo. Não é um "estado" ao qual se ingressa, semelhante ao "paraíso" cristão; bem ao contrário: nirvana é a extinção (seu significado em sânscrito e em páli) do carma, através do fim do desejo, do ódio e da ilusão, com o consequente fim do samsara (vide logo abaixo), o ciclo de vidas e mortes. Quando atingido em vida, é tido como a felicidade suprema; no entanto, é indescritível com palavras, pois não é uma sensação, já que tudo se extingue. Por isso, é experiência pessoal, impossível de ser transmitida. No entanto, o budismo indica que quem adota integralmente o darma, em suas acepções (4 e 5) acima, pode atingir tal extinção.

PRAJNA – Do páli *prajña*. Estado de concentração mental (ver samádi, logo abaixo), que antecede o djana (ver acima) e pode ser descrito como conhecimento e felicidade transcendentais, também atingido pela meditação hinduísta.

SAMÁDI – Do páli *samadhi*. Estado de concentração mental que leva, em seu último estágio, ao djana (ver acima), conducente ao nirvana, estágio apenas alcançado pela meditação budista.

Samsara – Do páli *samsara*. É o eterno reaparecer do carma em mundos sempre sujeitos à impermanência, ou seja, à morte, ao desaparecimento. Mais comumente traduzido como "o ciclo de vidas e mortes".

Sancara – Do páli *sankhara*. Tem dois significados: 1) os cinco candas (ver acima), tomados em conjunto – nesse sentido, expressa, sobretudo, a condicionalidade do que existe, não apenas do nosso "eu", pois tudo o que há depende, para existir, de um conjunto de fenômenos; por isso, sancara também expressa a impermanência de tudo que existe, já que, desaparecendo um dos elementos que formam todos os seres e coisas, também estes desaparecem. Assim, o sancara é também o sofrimento, já que decorre do fato de que tudo o que existe é passageiro; 2) o quarto canda tomado individualmente, qual seja, o das elaborações mentais, o que cria a falsa ideia do "eu".

Sanga – Do páli *Sangha*. Ordem religiosa – no caso, a totalidade dos monges budistas.

DARMAPADA

Capítulo I
Os pares

1
Ó, mentiprecedidos darmas,
mentilevados, mentifeitos.[1]
Se for com uma mente impura,
que alguém, sim, agir ou falar,
o sofrimento o seguirá,
como a roda, os cascos do boi.

2
Ó, mentiprecedidos darmas,
mentilevados, mentifeitos.
Se for com uma mente pura[2],
que alguém, sim[3], agir ou falar,
a alegria o seguirá,
como a sombra que não o deixa.

3
"Ele me insultou, me feriu,
me derrotou, roubou-me a mim."
Quem abrigar tais sentimentos,
não poderá calar seu ódio.

4
"Ele me insultou, me feriu,
me derrotou, roubou-me a mim."
Quem não guardar tais sentimentos,
conseguirá calar seu ódio.

5
Jamais o ódio com o ódio
em tempo algum aqui[4] cessou.

Com a ausência dele cessará.
Trata-se de lei imutável.

6
As pessoas não querem ver
que todos se irão deste mundo.
Aquele que vê esse fato
cessa com toda desavença.

7
Contemplando apenas o belo,
sem poder autocontrolar-se,
sem moderação no comer,
indolente e sem energia,
Mara[5] o abaterá facilmente,
como o vento, a árvore fraca.

8
Contemplando o desagradável[6],
sabendo como controlar-se,
com moderação no comer,
confiante[7], sim, e empreendedor,
Mara, como o vento, o rochedo,
não conseguirá abatê-lo.

9
Aquele que com impurezas
vestir-se com a veste dos monges,
sem autocontrole[8] ou palavra,
não faz jus ao manto açafrão.[9]

10
Quem livrar-se das impurezas,
for moral e sempre sereno,
com autocontrole e palavra,
faz, sim, jus ao manto açafrão.

11
No irreal, veem o real
e no real, o irreal[10]:
com a mente maldirecionada,
não encontrarão o real.

12
No real, só veem o real,
no irreal, o irreal:
com a mente bem-direcionada,
encontrarão, sim, o real.

13
Como na casa de mau teto,
onde a água da chuva, sim, entra,
numa mente sem treinamento,
o desejo sempre entrará.

14
Como na casa de bom teto,
onde a água da chuva não entra,
numa mente com treinamento[11],
o desejo nunca entrará.

15
Aqui se aflige e além se afligirá,
o mau aqui e além se afligirá,
afligir-se-á ele e sofrerá,
ao observar o mau carma[12] que é o seu.

16
Aqui se alegra e além se alegrará,
o bom aqui e além se alegrará,
alegrar-se-á, satisfar-se-á,
ao observar o bom carma que é o seu.

17
Aqui se acusa e além se acusará,
o mau aqui e além se acusará.
"Eu fiz o mal", assim se acusará,
mais ainda nos mundos miseráveis.

18
Aqui se jubila e além se jubila,
o bom aqui e além se rejubila.
"Eu fiz o bem", assim se rejubila,
e mais ainda nos mundos felizes.

19
Embora as escrituras muito diga,
mas, imprudente, por elas não aja,
será pastor contando alheio gado,
sem a bem-aventurança do asceta.

20
Se bem que nunca diga as escrituras,
mas dirija seus atos pelo darma,
sem desejos, sem ódio ou ilusão,
com a mente bem-treinada e liberta,
sem ligar-se ao aqui ou ao depois[13],
terá do asceta a bem-aventurança.[14]

Capítulo II
Da vigilância[1]

1
A vigilância é o fim da morte,
a negligência é sua senda.
O vigilante já não morre.[2]
Os negligentes já estão mortos.

2
Isto sabendo, com clareza,
o sábio, pela vigilância,
na vigilância se deleita,
contente de estar entre os bons.

3
Meditando, perseverante,
tal sábio, esforçado e ativo,
sensato, atingirá o nirvana,
liberação insuperável.[3]

4
Dos vigorosos, dos sempre atentos,
dos puros no agir, dos que reconsideram,
dos conscientes, dos que seguem o darma,
dos vigilantes só crescerá o respeito.

5
Com energia e vigilância,
com autocontrole e domínio,
façam os sábios uma ilha[4],
que as cheias não possam cobrir.

6
Na negligência se comprazem
ignorantes e inconscientes.
O sábio guarda a vigilância
como o mais valioso tesouro.

7
Não aprecieis a negligência,
nem os prazeres sensuais.
O vigilante, que medita,
atingirá Grande Ventura.[5]

8
Após ter o sábio anulado
negligência com vigilância,
sobe ele à torre da sapiência
e, feliz, olha os infelizes;
como o montês, os da planície,
observa o sábio os insensatos.

9
Vigilante entre os negligentes,
desperto entre os adormecidos,
assim distancia-se o sábio,
como um corcel novo, de um velho.

10
Indra[6], através da vigilância,
colocou-se à frente dos deuses.
Louvemos pois a vigilância,
e a negligência desprezemos.

11
O monge que ama a vigilância,
que vê com medo a negligência,
é como fogo que consome
amarras[7] grandes e pequenas.

12
O monge que ama a vigilância,
que vê com medo a negligência,
não poderá esmorecer,
pois está próximo ao nirvana.

Capítulo III
A MENTE

1
Vacilante e volúvel mente,
dura de cuidar... de conter...
o sábio te endireitará,
como o flecheiro faz às flechas.

2
Como o peixe jogado à terra,
fora de sua casa aquosa,
a mente se agita e tremula
ao deixar o reino de Mara.[1]

3
É bom o domínio da mente!
Dura de ser contida, rápida,
só pousando onde bem lhe apraz,
domada, traz felicidade.

4
Que o sábio proteja sua mente!
Dura de ser vista, sutil,
só pousando onde bem lhe apraz,
segura, traz felicidade.

5
Indo bem longe, errante e só,
sem corpo no corpo escondida,
os que a submetem se libertam
de todas amarras de Mara.[2]

6
Dos que têm a mente inconstante,
dos que ignoram o darma excelso,
dos pouco firmes, dos inquietos,
o saber não será perfeito.

7
Com sua mente sempre enxuta,
com sua mente sempre invicta[3],
descartando o bem e o mal,
não há medo para o Desperto.

8
Sabendo que este corpo é um pote de barro,
protegendo a mente como uma praça forte,
combatamos Mara com as armas do saber,
para manter a conquista e não manter amarras.

9
Dentro em breve este nosso corpo
jazerá deitado por terra,
sem consciência, jogado fora,
qual pedaço de pau inútil.

10
O que o inimigo faz ao inimigo
ou aquele que odeia, ao odiado,
nossa mente, se mal-intencionada,
poderá nos fazer muito pior.

11
O que nosso pai, nossa mãe,
os parentes por nós fizerem,
a mente bem-intencionada
por nós muito melhor fará.

Capítulo IV
As flores

1
Quem poderá conquistar este mundo,
o mundo da Morte e o mundo dos deuses?
Quem os versos do darma bem-mostrados
colherá, como o jardineiro, flores?

2
O pupilo conquistará este mundo,
o mundo da Morte e o mundo dos deuses.
Ele, os versos do darma bem-mostrados,
colherá, como o jardineiro[1], flores.

3
Sabendo ser este corpo só espuma,
certo de que sua essência é miragem[2],
que quebre as flechas floridas[3] de Mara,
que vá pr'além da mirada da Morte.

4
O homem que só colhe flores –
a mente perdida em prazeres –,
como à aldeia dormida, a enchente,
a Morte chega arrebatando.

5
O homem que só colhe flores,
a mente perdida em prazeres,
por não poder satisfazer-se,
cai nas mãos do Exterminador.[4]

6
Tal como faz a abelha à flor,
que sem ferir o aroma e a cor,
vai embora levando o néctar,
assim viva o sábio na aldeia.

7
Não as imperfeições dos outros,
não o que fizeram ou não,
mas em nós próprios apontemos
o que foi feito ou não o foi.

8
São como uma flor atraente
cheia de cor, mas sem perfume,
as boas palavras[5], sem fruto,
de quem por elas não agiu.

9
São como uma flor atraente,
cheia de cor e com perfume,
as boas palavras, com fruto,
de quem por elas, sim, agiu.

10
Tal como de um monte de flores
se compõem muitas guirlandas,
os que nasceram mortais podem
fazer muitas boas ações.

11
O aroma da flor não vai contra o vento,
nem do sândalo, almíscar ou jasmim.
Mas o aroma dos bons vai contra o vento:
todos os lados perfuma o virtuoso.

12
Que seja sândalo ou almíscar,
tagara[6] ou jasmim bem cheiroso,
entre esses perfumes sem par,
o da virtude é incomparável.

13
Insignificante é o perfume
do sândalo, sim, e do almíscar.
Mas o perfume do virtuoso
ascende até os deuses, supremo.

14
Dos que estão plenos de virtude,
dos que levam a vida atentos,
dos livres pelo saber ótimo[7],
Mara não achará os passos.

15
Tal como num monte de lixo
jogado na beira da estrada
pode crescer a flor do lótus,
com doce perfume e formosa,

16
igualmente, entre a escória humana,
entre cegos, entre infelizes,
brilha, pelo saber, radiante,
o pupilo do Iluminado.

Capítulo V
Dos tolos[1]

1
Longa é uma noite para quem vela,
longa é uma légua para o cansado,
e longo é o samsara para os tolos,
que não sabem o darma excelso.

2
Se pela vida não acharmos
alguém como nós ou melhor,
sigamos sós e decididos:
não há companhia nos tolos.

3
"São meus meus filhos e meus bens",
com isto o tolo se angustia.
Como? Nem nosso "eu"[2] é nosso!
Por que então filhos, por que bens?

4
O tolo que vê a tolice,
por isto se equipara ao sábio.
Mas o tolo que se crê sábio,
este, sim, chamo de tolo.

5
Mesmo se por toda uma vida
o tolo frequentar o sábio,
nunca perceberá o darma,
tal colher, que não sabe a sopa.

6
Mesmo se por breve momento
o sagaz frequentar o sábio,
logo perceberá o darma,
como a língua, que sabe a sopa.

7
Seguem os tolos, ignorantes,
como inimigos de si próprios,
praticando atos malignos,
cujos frutos serão amargos.

8
Não serão bons aqueles atos
dos quais nós nos arrependemos
e cujas consequências vemos
com a face banhada de lágrimas.

9
Serão, sim, bons aqueles atos
dos quais não nos arrependemos
e cujas consequências vemos
só com prazer e alegria.

10
Como mel, considera o tolo
maus atos ainda sem frutos;
mas frutificando tais atos,
o sofrimento o tolo alcança.

11
Mês após mês, com um capim[3],
comem os tolos a comida.
Não valem um décimo sexto[4]
dos que compreendem o darma.

12
Os maus atos logo que feitos
não coagulam, como o leite.
Perseguem o tolo queimando,
como brasa embaixo das cinzas.

13
Apenas para o próprio infortúnio,
o tolo obtém saber e fama.
Destroem estes sua sorte,
decepando sua cabeça.[5]

14
Deseja renome infundado,
preeminência entre os noviços,
autoridade sobre as celas
e doações de alheios parentes.[6]

15
"Que pensem que fiz tudo só,
os leigos e os monges já sábios;
no que se faça ou não se faça,
que dependam sempre de mim."
Tal é o pensamento do tolo:
seus desejos e orgulho crescem.

16
Um caminho leva ao acúmulo,
outro é o que conduz ao nirvana.
Isto sabendo ser verdade,
que o monge, aluno do Desperto,
não se compraza só com honras
e estime, sim, o isolamento.

Capítulo VI
Dos sábios

1
Como alguém que aponta tesouros,
devemos ver quem vê os erros,
quem sabiamente nos reprova.
Com tal sábio nos associemos,
pois quem a tal sábio se unir,
melhorará, não piorará.

2
Que ele instrua, que ele aconselhe,
que impeça nossos atos maus.
Os bons com ele se comprazem,
não se dão bem com ele os maus.

3
Não te juntes a maus amigos,
nem aos que não seguem o darma.[1]
Aos bons amigos te associa
e àqueles que seguem o darma.

4
Quem bebe o darma dorme em paz,
com a mente clara, a mente calma.
No darma dito pelos nobres[2],
o sábio sempre se compraz.

5
Os irrigadores dominam as águas,
os frecheiros dominam os arcos duros,
os carpinteiros dominam a madeira,
os homens sábios dominam a si próprios.

6
Assim como um rochedo sólido
o vento não pode abalar,
na crítica ou no elogio,
o sábio não se abalará.

7
Tal como um lago profundíssimo,
imperturbável e tranquilo,
ao ouvir os versos do darma,
o sábio se torna sereno.

8
Em todas as partes homens bons se libertam[3],
deixando de procurar prazeres sensuais.
Atingido pela ventura ou pela dor,
o sábio não se exalta e nem se deprime.

9
Nem para ti próprio, nem para os outros,
desejes tu filhos, fortuna, reinos
ou prosperidade à margem do darma;
serás então virtuoso, sábio e justo.

10
Poucos aqueles entre os homens
que passaram à outra margem.[4]
Os que ao contrário aqui ficam,
ao longo dela perambulam.

11
Mas os que agem pelo darma,
o darma, sim, bem-ensinado,
poderão ir à outra margem:
duro é cruzar da Morte o Reino.[5]

12
Abandonando a vida túrbida,
que o sábio adote a luminosa,
de casa, sem casa, partindo
ao ermo, duro de apreciar.

13
Que aí procure deleitar-se.
Deixando os prazeres, sem bens,
que a si próprio se purifique
de toda impureza da mente.

14
Quem aperfeiçoou bem a mente
naquilo que a ilumina
e se deleita, sem amarras,
em rejeitar o possuir,
radiante e livre dos venenos[6],
aqui atingiu o nirvana.

Capítulo VII
Dos Dignos[1]

1
Chegado ao final da viagem[2],
livre da dor, de tudo que há,
abandonadas as amarras,
não terás mais inquietações.

2
Com a mente absorta se exercitam,
fora dos lares[3] são felizes.
Como os cisnes fazem c'os lagos,
morada após morada deixam.

3
Daqueles que não acumulam,
que comem na medida exata
e cujo pasto é a liberdade,
vazia e sem nenhum sinal,
como o dos pássaros no céu,
seu curso é duro de traçar.[4]

4
Dos livres de todo veneno[5],
da gula também já libertos
e cujo pasto é a liberdade,
vazia e sem nenhum sinal,
como o dos pássaros no céu,
seu curso é duro de traçar.

5
Quem já pôde tornar seu ânimo equânime,
qual corcel domado pelo charreteiro,

livre dos venenos e do próprio orgulho,
é invejado até mesmo pelos deuses.

6
Tal como a terra, não reage,
como o Pilar de Indra, é firme,
é lago, sim, livre de lama.[6]
Para ele inexiste o samsara.

7
É calma a mente deste homem,
é calma a voz, é calmo o agir.
Livre pelo saber perfeito[7],
tal homem é calmo, calmíssimo.

8
Sem crenças, chegado ao nirvana,
cortadas todas as amarras,
sem desejos, sem bem, sem mal,
este, sim, é um homem sublime.[8]

9
Seja na aldeia ou na floresta,
seja no vale ou na montanha,
onde quer que estejam os Dignos,
o lugar é só prazeroso.

10
Prazerosas são as florestas,
onde o leigo não se contenta.
Sem paixões aí se deleitam,
os que não mais buscam prazeres.

Capítulo VIII
Os milhares

1
Havendo um milhar de palavras
que não nos possa ajudar,
melhor uma só delas, útil,
que sendo ouvida nos acalme.

2
Havendo um milhar de versículos,
que não nos possa ajudar,
melhor uma só linha deles,
que sendo ouvida nos acalme.

3
Se nós recitarmos cem versos
sem nenhuma utilidade,
melhor uma só linha deles,
que sendo ouvida nos acalme.

4
Mil vezes um milhar de homens
pode alguém vencer em batalhas;
mas quem vencer-se uma só vez,
este é o vencedor de batalhas.

5
Melhor é vencer-se a si próprio,
que a outros seres humanos.
De um homem dessa natureza,
o que a si pôde vencer,

6
vivendo para sempre consciente,
nenhum deva e nenhum gandarva,
nem Mara aliado a Bramá[1]
fará da vitória derrota.

7
Mês após mês, com mil acólitos,
faz centenas de sacrifícios.
Uma só vez, composta a mente,
num só momento faz doações:[2]
esta prática é melhor
que cem anos de sacrifícios.

8
Pode por cem anos um homem
sacrificar fogo na mata.
Pode um outro, composta a mente,
uma só vez fazer doações:
esta prática é melhor
que cem anos de sacrifícios.

9
Neste mundo qualquer sacrifício ou oferta
dê alguém cem anos à procura de mérito,
tudo isto está muito aquém do desejável.
Melhor são honras aos que caminham eretos.[3]

10
Sempre com provas de respeito,
honrando, constante, os mais velhos,
quatro coisas lhe aumentarão:
vida, saúde, força e dita.

11
Se viver cem anos de vida
sem virtude e imoderado,
melhor um só dia de vida
de quem, virtuoso, medita.

12
Se viver cem anos de vida
sem conhecer-se, imoderado,
melhor um só dia de vida
de quem se conhece e medita.

13
Se viver cem anos de vida,
inerte, sem nenhum vigor,
melhor um só dia de vida
de quem, firme, teve vigor.

14
Se viver cem anos de vida,
sem ver que o que cresce fenece,
melhor um só dia de vida
de quem vê que tudo fenece.

15
Se viver cem anos de vida,
sem dar o passo além da morte,
melhor um só dia de vida
de quem deu o passo imortal.[4]

16
Se viver cem anos de vida,
sem ter visto o bom darma excelso,
melhor um só dia de vida,
de quem viu o bom darma excelso.

Capítulo IX
Do mal

1
Apressa-te em fazer o bem,
do mal distancia tua mente.
Aquele que o bem tarde faz,
no mal vai encontrar deleite.

2
Se um homem praticar o mal,
que não o faça com frequência,
nem dele faça um objetivo.
Padecer é acumulá-lo.

3
Se um homem praticar o bem,
que o faça com muita frequência,
e dele faça um objetivo.
Felicidade é acumulá-lo.

4
O homem mau sente-se bem,
até quando o mal não der frutos.
Mas quando o mal frutificar,
o mau, sim, o mal sentirá.

5
O homem bom sente-se mal,
até quando o bem não der frutos.
Mas quando o bem frutificar,
o bom, sim, o bem sentirá.

6
Que o mal não desprezes, dizendo:
"O mal não me vai atingir".
Assim como as gotas que caem
enchem d'água o pote de barro,
o tolo está cheio do mal
que pouco a pouco acumulou.

7
Que o bem não desprezes, dizendo:
"O bem não me vai atingir".
Assim como as gotas que caem
enchem d'água o pote de barro,
o sábio está cheio do bem
que pouco a pouco acumulou.

8
Como o tropeiro que se afasta
das rotas cheias de perigo,
e quem quer viver, do veneno,
do mal sempre nos afastemos.

9
Se não há feridas na mão,
veneno pode ela tocar,
pois não penetra em pele sã.
Não há mal para quem não o fez.

10
Quem pratica o mal contra os bons,
contra o inocente, contra os puros,
contra esse tolo o mal se volta,
como o pó atirado ao vento.

11
Alguns nascerão neste mundo,
no inferno, quem fizer o mal,

nos céus, quem o bem praticar.
Para o nirvana, os sem veneno.[1]

12
Nem nos céus, nem nas profundezas do mar,
nem entrando nas fissuras das montanhas
poderás encontrar refúgio neste mundo,
onde não te alcancem teus atos maus.

13
Nem nos céus, nem nas profundezas do mar,
nem entrando nas fissuras das montanhas
poderás encontrar refúgio neste mundo,
onde a morte não te possa dominar.

Capítulo X
O chicote[1]

1
Todos têm medo do chicote,
todos se apavoram com a morte.
Fazendo de ti um exemplo,
não mates, nem causes a morte.

2
Todos têm medo do chicote,
para todos nós a vida é cara.
Fazendo de ti um exemplo,
não mates, nem causes a morte.

3
Quem com o chicote, sim, ferir
os que procuram ser felizes,
ele próprio querendo sê-lo,
morto, infeliz deverá ser.

4
Quem com o chicote não ferir
os que procuram ser felizes,
ele próprio querendo sê-lo,
morto, feliz deverá ser.

5
Nunca fales asperamente,
pois assim te revidarão.
Sofrer é falar com aspereza,
chicotadas te golpearão.

6
Se, golpeado, não ressoares,
como gongo roto, quebrado,
então o nirvana atingiste,
onde as brigas não te acharão.

7
Como o vaqueiro com o chicote,
que o gado toca até a pastagem,
assim a velhice e a morte
tocam a vida dos viventes.

8
Quando seus atos maus pratica,
o tolo não sabe o que faz.
Por esses atos, ignorante,
sofre, como se ardesse em chamas.

9
Quem com o chicote os que são mansos
e os que bem se comportam fere,
numa dessas dez situações
bem depressa se encontrará:

10
sentimentos de dor, miséria,
os ossos do corpo quebrados,
enfermidades das mais graves,
distúrbios que abalam a mente,

11
perseguição dos poderosos,
acusações sem fundamento,
a perda dos parentes próximos,
a das próprias posses e bens,

12
enfim, o lugar onde mora,
o fogo puro queimará.
E quando seu corpo romper-se,
aos infernos descer irá.

13
Nem andar nu, nem cabelos emaranhados,
nem lama, nem jejum, nem dormir no chão sujo,
nem pó na pele ou mortificar-se de cócoras
limpam o mortal que não venceu suas dúvidas.[2]

14
Embora vá bem-vestido, se calmo anda,
em paz, controlado, bem seguro e elevado,
deixando de lado o chicote[3] quanto a todos,
ele, sim, será brâmane, recluso ou monge.[4]

15
Homem domado pela dor
pode encontrar-se neste mundo,
que sempre reaja aos insultos,
como o bom corcel, ao chicote?

16
Como o bom corcel a quem se chicoteou,
sê ardente e rápido em saber-te mover.
Pela virtude, pela confiança e ação,
pelo autocontrole, pelo darma bem lido,
com saber e com bondade, sempre consciente,
deixarás pra trás este pesado sofrer.

17
Os irrigadores dominam as águas,
os flecheiros dominam os arcos duros,
os carpinteiros dominam a madeira,
o homem tratável domina a si próprio.

Capítulo XI
Da velhice

1
Por que sorrir, por que alegria,
se és consumido pelas chamas?[1]
No meio das trevas estás:
a luz[2] tu não vais procurar?

2
Vê: um boneco colorido,
um monte estaqueado[3] de chagas,
enfermo, repleto de ímpetos,
sem permanência, sem constância.

3
Bem decrépito, este corpo,
ninho de pestes, fragilíssimo.
Monturo, logo se desfaz.
Toda vida finda com a morte.

4
Assim como essas calabaças
no outono atiradas ao léu,
são estes ossos cor de cinza.
Vendo-os tais, por que prazer?

5
Nesta cidade feita de ossos,
rebocada de carne e sangue,
guardam-se a morte, a podridão,
a ingratidão e o orgulho.

6
Mesmo os ricos carros reais se desgastam
e também o corpo se torna decrépito,
mas o darma dos bons não se deteriora.
Os sábios, pois, aos sábios isso transmitem.

7
Os homens sem sabedoria
se desenvolvem como os touros:
sua carne aumenta de tamanho,
mas seu conhecimento não.[4]

8
O samsara, o nascer sem fim,
percorri sem poder achar
o arquiteto que procurava.
Sofrer é nascer sem cessar.

9
Arquiteto, agora te vejo,
a casa não mais erguerás!
Todas as traves estão rotas,
e a viga mestra destruída:
a mente livre do sancara[5],
o fim do desejo alcançado.

10
Sem ter vivido vida digna,
sem ter, jovem, reunido bens,
qual garça velha minguará,
num pântano de peixes mortos.

11
Sem ter vivido vida digna,
sem ter, jovem, reunido bens,
qual setas[6], no chão, já lançadas
lamentar-se-ão do passado.

Capítulo XII
NÓS PRÓPRIOS

1
Se a nós próprios temos por caros,
que a nós guardemos bem guardados.
Durante as três guardas da vida[1],
que os sábios a si próprios guardem.

2
Que primeiramente a nós próprios
no que é bom nos enraizemos.
Então, que o sábio dê conselhos
e assim não será insultado.

3
Nós próprios devemos fazer
o que aos outros aconselhamos.
Adestrados, adestraremos.
Domar-se a si é que é difícil.

4
Somos nosso próprio refúgio.
Quem melhor poderia sê-lo?
Com nosso ser bem-controlado,
refúgio raro encontraremos.

5
O mal que nós próprios fazemos,
que em nós nasce e é produzido,
tritura e mói os ignorantes[2],
como o diamante, as outras gemas.

6
Em quem sem cessar cresce o mal,
tal mata-pau que engolfa as árvores,
contra si próprio aquilo faz
que os inimigos lhe desejam.

7
Fácil é fazer o que é mau
e nocivo contra nós próprios.
O que nos é bom e benéfico
é bem difícil de empreender.

8
Se os ensinamento dos Dignos,
dos Nobres que agem pelo darma
estupidamente negarem,
movidos por visão errônea,
a si próprios destruirão,
como o bambu[3] ao dar seus frutos.

9
Por nós próprios o mal é feito,
por nós próprios somos impuros.
Por nós próprios é feito o bem,
e a nós próprios purificamos.
Pureza e impureza em nós próprios:
que a outro ninguém purifique.[4]

10
Nosso próprio bem, pelo alheio,
mesmo se maior, não deixemos.
Nosso próprio bem[5] bem sabendo,
a ele sejamos fiéis.

Capítulo XIII
Do mundo

1
Não adotes os darmas vis
e não vivas na negligência,
mantendo tuas visões errôneas,
para não aumentares o mundo.[1]

2
Correto e sem ser negligente,
o darma adota bons hábitos.
Viver o darma é ser feliz,
aqui neste mundo e nos próximos.

3
O darma adota bons hábitos
e não adotes os maus hábitos.
Viver o darma é ser feliz,
aqui neste mundo e nos próximos.

4
Tal como uma bolha mirá-lo
ou mirá-lo como miragem.
Assim considerando o mundo,
não te verá o Rei da Morte.

5
Eia, vejam bem este mundo:
uma riquíssima carruagem
onde os tolos, contudo, sofrem,
mas não os sábios, sem amarras.[2]

6
Quem antes era negligente
e agora se fez diligente,
iluminará este mundo,
qual lua surgindo das nuvens.

7
Quem depois de uma má ação,
compensá-la com uma boa,
este mundo iluminará,
qual lua surgindo das nuvens.

8
Este mundo tornou-se cego,
poucos aqui veem com clareza.
Como aves que escapam da rede,
poucos são os que vão aos céus.

9
Nas sendas dos céus vão os cisnes,
no ar milagrosamente[3] vão.
Os sábios deixam este mundo,
vencidos Mara e seus exércitos.

10
De um homem de falsas palavras
capaz de transgredir o darma,
desinteressado do além[4],
nada há de mau que não se espere.

11
Os avaros não vão ao mundo dos deuses,
os tolos, é claro, não aprovam dar.
Mas os sábios, sim, alegremente o fazem
e por isso serão felizes no além.

12
Melhor que ser o rei da Terra,
que no céu poder ingressar,
que em todos os mundos mandar,
é o fruto de entrar na corrente.[5]

Capítulo XIV
Dos budas[1]

1
Com sua vitória irreversível,
vitória que ninguém neste mundo obtém,
os budas, de saber sem limites,
sem trilhas, que trilha os traria de volta?[2]

2
Não existe mais visgo, armadilhas
ou sede que os traga de volta a este mundo[3];
os budas, de saber sem limites,
sem trilhas, que trilha os traria de volta?

3
Aos sábios que firmes meditam,
na reclusão e calma plenos,
a esses budas, introversos,
os próprios deuses os invejam.

4
Difícil nascer como homem,
difícil vida a dos mortais,
difícil acatar-se o darma,
difícil o nascer de um buda.[4]

5
Deixar de praticar o mal,
praticar apenas o bem,
purificar a própria mente:
este, o ensinamento dos budas.

6
Paciência e indulgência são esforço sublime.
"Sublime, o nirvana", assim afirmam os budas.
Não será um recluso, caso os outros ferir,
nem um asceta, caso os outros insultar.

7
Não criticar, não causar dor,
conter-se segundo os preceitos[5],
só comer com moderação,
viver em lugar afastado
com a mente sempre elevada:
este, o ensinamento dos budas.

8
Nem com chuvas de moedas d'ouro,
o prazer sensual se compraz:
pois é deleite menor, dor;
sabendo ser assim, o sábio

9
nem nos prazeres celestiais
encontrará qualquer deleite.
No fim dos prazeres sensuais,
se contenta o aluno dos budas.

10
Muitos vão procurar refúgio,
nas montanhas e nas florestas,
em vergéis de plantas e árvores,
homens levados pelo medo.

11
Refúgios seguros não são,
refúgios sublimes não são.
Nesses refúgios se homiziando,
não escaparão do sofrer.

12
Mas os que no Buda, no darma,
na Sanga refúgio buscarem,
todas as Quatro Nobres Verdades[6],
com suma consciência, verão:

13
o sofrer, como ele aparece,
como ele pode ser extinto,
e os Oito Nobres Caminhos[7]
que levam a essa extinção.

14
Este que é refúgio seguro,
Este que é refúgio sublime.
A este refúgio chegando,
do sofrer se libertarão.

15
Difícil achar homens nobres,
não nascem em qualquer lugar.
No lugar onde nasça um sábio,
só crescerá a alegria.

16
Felicidade é quando aparece um Buda,
felicidade é ensinar o darma vero,
felicidade é quando há concórdia na Sanga,
felicidade é quando há uma só doutrina.

17
Honras são para quem as merece:
os budas e os seus pupilos,
que superaram as barreiras[8],
o sofrer, as lamentações;

18
dos homens que prestarem honras
aos calmos e sem qualquer medo,
será incalculável o bem[9],
para quem quer que tente medi-lo.

Capítulo XV
Da felicidade

1
Ah! como vivemos felizes,
entre os que se odeiam, sem ódio.
Entre homens repletos de ódio,
sem ódio nenhum nós vivemos.

2
Ah! como vivemos felizes,
sem aflições, entre os aflitos.
Entre homens plenos de aflição,
sem nenhuma aflição vivemos.

3
Ah! como vivemos felizes,
entre os ávidos, sem avidez.
Entre homens plenos de avidez,
sem nenhuma avidez vivemos.

4
Ah! como vivemos felizes,
sem ter nada que seja nosso,
de felicidade nutrindo-nos,
assim como os devas radiantes.[1]

5
Os vitoriosos causam ódio,
e dormem mal os derrotados.
Só dorme bem quem for pacífico.
De lado a vitória e a derrota!

6
Não há fogo como os desejos,
não há mal como a má vontade,
não há dor como os cinco candas²
ou ventura maior que a paz.

7
Desejos, a maior doença.
O sancara, a maior das dores.³
Se soubermos ser isto assim:
o nirvana, a maior ventura.

8
Ter saúde, o maior dos bens,
contentamento, o maior dom,
o fiel, o melhor parente,
o nirvana, a maior ventura.

9
Tendo a reclusão saboreado
e o gosto da tranquilidade,
não sofrerá, livre dos males,
provando a alegria do darma.

10
Bom é encontrar seres nobres,
com quem estar traz alegria;
não encontrando seres tolos,
felizes para sempre seremos.

11
Andar em comunhão com tolos
é lamentar-se longo tempo.
Sofrer é conviver com tolos,
pois se assemelham a inimigos.
Com o sábio, sim, viver é bom,

tal como estar entre parentes.
Por isso:

12
O sábio, introspectivo, que muito já leu,
o que é bem paciente, disciplinado e nobre,
alguém assim, bondoso, sensato, sigamos,
tal como a lua segue a trilha das estrelas.

Capítulo XVI
Da afeição, dos seres queridos e dos prazeres[1]

1
Pensando no que não convém,
não dedicado a meditar[2],
de lado o bem, preso à afeição,
invejará quem bem medita.

2
Não ligar-nos a quem bem queremos
e jamais a quem não queremos;
longe daqueles nós sofremos,
como perto destes também.

3
Não manter, pois, seres queridos,
pois não vê-los só nos traz dor.
Não se acham amarras[3] naqueles
sem seres bem ou mal queridos.

4
Um ser querido faz sofrer,
pois nos causa muita apreensão.
Para os livres de toda afeição,
não há sofrer. Por que então medo?

5
Da afeição nasce o sofrer,
da afeição nasce a apreensão.
Para os livres de toda afeição,
não há sofrer. Por que então medo?

6
Do desejo nasce o sofrer,
do desejo nasce a apreensão.
Para os livres de todo desejo,
não há sofrer. Por que então medo?

7
Dos prazeres nasce o sofrer,
dos prazeres nasce a apreensão.
Para os livres de todo prazer,
não há sofrer. Por que então medo?

8
Da avidez nasce o sofrer,
da avidez nasce a apreensão.
Para os livres de toda avidez,
não há sofrer. Por que então medo?

9
Quem é virtuoso e com visão,
fiel ao darma e à verdade,
seguindo, só, seus afazeres,
de todos ganha a afeição.

10
Querendo chegar ao nirvana,
com a mente repleta de luz,
livre dos prazeres sensuais,
para além da torrente é chamado.[4]

11
Alguém por longo tempo ausente,
ao voltar a salvo de longe,
seus parentes e seus amigos
com alegria o receberão.[5]

12
É assim para quem fez o bem:
ao ir deste mundo para o além,
tais atos bons o aguardarão,
como um parente, alguém querido.

Capítulo XVII
Da ira

1
Abandonai a ira e o orgulho,
Desprendei-vos de todas as amarras.
Libertos da individualidade,
sem bens, a dor não vos perseguirá.

2
Quem controlar sua ira infrene,
como a um carro desgovernado,
eu chamarei de charreteiro;
outros, só agarram as rédeas.

3
Sem ira, os irados vencemos,
com o bem, vencemos os maus,
vencemos os avaros dando,
e com a verdade, os mentirosos.

4
Dizer verdades, não se irar,
dar, se pedem, mesmo se pouco.
Através desses três preceitos,
iremos pro lado dos deuses.

5
Os sábios, sem qualquer violência,
que sempre dominam seu corpo,
irão ao nirvana imutável,
onde não se lamentarão.

6
Mantendo-se sempre desperto,
dia e noite sempre aprendendo,
intento em chegar ao nirvana,
suas paixões[1] chegam ao fim.

7
Isso é coisa antiga, ó Atula[2],
e não algo dos dias de hoje:
quem nada fala é criticado,
quem muito fala é criticado,
quem pouco fala é criticado.
Ninguém no mundo disso escapa.

8
Nunca houve, nunca haverá,
nem agora será encontrado,
alguém apenas criticado
ou alguém apenas louvado.

9
Em alguém pelos sábios louvado,
após terem visto possuir
conduta pura, inteligência
e firme virtude e saber,

10
tal como numa joia de ouro,
quem poderá achar defeitos,
se os próprios deuses o admiram,
assim como o próprio Bramá?[3]

11
Guardemo-nos dos excessos do corpo.
Tenhamos o corpo bem-controlado.
De lado a má conduta corporal.
Com o corpo, boa conduta sigamos.

12
Guardemo-nos dos excessos da fala.
Tenhamos a fala bem-controlada.
De lado a má conduta nas palavras.
Com a fala, boa conduta sigamos.

13
Guardemo-nos dos excessos da mente.
Tenhamos a mente bem-controlada.
De lado a má conduta no pensar.
Com a mente, boa conduta sigamos.

14
Com o corpo sempre controlado, sábios,
e também com a fala bem-controlada,
sábios, com a mente sempre controlada,
estes, sim, são muito bem-controlados.

Capítulo XVIII
Das nódoas[1]

1
És já uma folha que vai cair,
os homens da Morte estão por chegar,
te encontras no limiar da partida
e estás sem provisões para a viagem.

2
Que de ti próprio faças uma ilha,
que te esforces depressa e sejas sábio:[2]
liberto das nódoas e sem paixões,
irás para o mundo celeste dos puros.

3
Estás já bem avançado em teus anos,
te diriges em direção à Morte,
no caminho não há como parar
e estás sem provisões para a viagem.

4
Que de ti próprio faças uma ilha,
que te esforces depressa e sejas sábio:
liberto das nódoas e sem paixões,
não mais nascerás ou ficarás velho.[3]

5
O sábio, gradativamente,
pouco a pouco e de passo em passo,
como o ourives que purga a prata,
as próprias nódoas purifica.

6
Como as nódoas que aparecem no aço,
que dele nascem e logo o corroem,
assim, quem mantiver conduta má,
seus atos o levarão a maus mundos.

7
Não praticar nodoa os cânticos,
não manter nodoa a morada,
a preguiça, a aparência,
a negligência, o vigilante.

8
Mal viver nodoa as mulheres,
e a avareza, o esmoler;
más ações são de fato nódoas,
neste mundo e nos do além.

9
Mais impura do que essas nódoas
é a ignorância, a maior delas.
Tendo abandonado essa nódoa,
livrai-vos de todas, discípulos!

10
Fácil é viver para os sem pejo,
para os atrevidos como os corvos,
para os maldizentes, para os metidos,
para os imodestos, para os corruptos.

11
Mas é difícil para os honrados,
sempre à procura da pureza,
desinteressados, prudentes,
com visão e vida ilibada.

12
Aquele que destrói a vida,
e que não diz só a verdade,
ou que toma o que não lhe dão,
assim como a mulher dos outros,

13
e que apenas se dedica
a beber para embriagar-se,
aqui ainda aqui neste mundo
cortará as próprias raízes.[4]

14
Anota isto, caro amigo:
vício é falta de controlar-se.
Não deixes que os desejos e os maus atos
por muito tempo te sujeitem à dor.[5]

15
Dão-nos de acordo com a crença,
dão-nos como lhes apetece.
Quem, por isso, se entristecer,
por receber menos que os outros,
tanto de dia como à noite,
não poderá concentrar a mente.[6]

16
Mas aquele que isso extirpar,
indo às raízes, removendo-as,
tanto de dia como à noite
poderá, sim, concentrar a mente.

17
Não há fogo como a paixão,
não há opressão como o ódio,
nem cilada, como a ilusão,
nem torrente, como o desejo.

18
Fácil é ver erros nos outros,
mas difícil, os nossos próprios.
Erros cometidos por outros,
dá ele ao vento, como o joio;
mas os próprios esconderá,
como o trapaceiro, o mau lance.

19
Apontando os erros dos outros,
irritando-se todo o tempo,
suas nódoas só crescerão.
Longe está de sua extinção.

20
No céu não se encontram pegadas[7];
asceta, só quem segue o darma.
Os homens amam os obstáculos[8]
de que se livraram os budas.[9]

21
No céu não se encontram pegadas;
asceta, só quem segue o darma.
Sancaras eternos não há,
não há vacilação para os budas.[10]

Capítulo XIX
Dos Justos

1
Se um caso julgar, não isento,
nunca será, por isso, justo.
Mas quem o que é bom do que é mau
com erudição apartar,

2
e com isenção, pelo darma,
equitativo, outros julgar,
amparado no darma, sábio,
este, sim, chamarei de justo.

3
Apenas porque muito fala,
nunca será, por isso, sábio.
Seguro, sem ódio, sem medo,
este, sim, chamarei de sábio.

4
Não será protetor do darma
apenas porque muito fala.
Quem, mesmo se pouco aprendeu
e o darma por si entendeu,
será, sim, protetor do darma,
e dele não descuidará.

5
Apenas porque levas cãs,
nunca serás, por isso, ancião.
Só teus anos se acumularam:
por "velho em vão" tu serás tido.

6
Fiel ao darma e à verdade,
dócil, contrito, controlado,
livre das impurezas, sábio,
este, sim, chamarei de ancião.

7
Nem por saber bem expressar-se,
nem por uma bela aparência,
será um homem respeitável,
se enganoso, avaro, invejoso.

8
Mas se livrar-se desses males,
cortadas as suas raízes,
livre de todo ódio, sábio,
este, sim, acho respeitável.

9
A calva[1] não faz o asceta,
se não for contido e mentir.
Se cheio de avidez e anseios,
poderá ser ele um asceta?

10
Quem dominar os seus defeitos,
tanto os grandes como os pequenos,
por tê-los podido domar,
este, sim, chamarei de asceta.

11
Apenas porque pede esmolas,
nunca será, por isso, um monge;
dedicando-se aos darmas vis[2]
nunca será tido por monge.

12
Quem aqui o bem e o mal
superar, mantendo-se casto,
e passar pelo mundo atento,
este, sim, chamarei de monge.

13
Só por calar não será sábio,
se for confuso e insciente.
Quem, como ao pesar na balança,
sagaz, o bom pra si escolhe

14
e o mau bem depressa rejeita,
neste mundo bem distinguindo-os,
é sábio, por isso é sábio;
este, sim, chamarei de sábio.

15
Por maltratar os seres vivos,
por isso, não se fará nobre.
Quem bem tratar todo ser vivo,
este, sim, chamarei de nobre.

16
Nem por preceitos ou rituais,
nem por muito saber o darma,
nem por saber bem meditar,
nem por viver longe de tudo,
pensando "atingi na renúncia
a calma, que os leigos não têm",
não deves vangloriar-te, ó monge,
se dos venenos[3] não te livraste.

Capítulo XX
Do caminho

1
Dos caminhos, melhor os oito,
das verdades, as quatro nobres[1],
das virtudes, não ter desejos,
dos homens, os que sabem ver.[2]

2
Só esse caminho, não outro,
outorga pureza à visão.
Adota, pois, esse caminho,
ele vai desorientar Mara.

3
Tendo esse caminho adotado,
teu sofrimento cessará.
Eu preconizo esse caminho
porque sei aplacar a dor.[3]

4
Que bem te esforces no caminho,
que mostram os Iluminados!
Nele, pela meditação,
soltarás de Mara as amarras.

5
"Todo sancara é passageiro"
quando isso se vê, por sabê-lo,
então se despreza o sofrer.
Esse é o caminho da pureza.[4]

6
"Todo sancara é sofrimento",
quando isso se vê, por sabê-lo,
então se despreza o sofrer.
Esse é o caminho da pureza.

7
"Todos darmas não têm essência",
quando isso se vê, por sabê-lo,
então se despreza o sofrer.
Esse é o caminho da pureza.

8
Quem não se aplica[5] quando deve fazê-lo,
jovem e forte, mas presa da preguiça,
a mente fraca no bem, lasso e indolente,
não achará o caminho do saber.

9
Atento ao que diz, com a mente bem-controlada,
que com seu corpo também nada de mau faça.
Que mantenha este triplo caminho bem claro,
para que percorra a senda que os sábios mostram.

10
Pelo zelo[6] nasce o saber,
sem zelo o saber se destrói.
Ciente desse duplo caminho,
que leva ao lucro ou ao prejuízo,
que nós próprios nos comportemos,
de modo a que aumente o saber.

11
Cortai a floresta, não a árvore,
da floresta é que nasce o medo.
Cortando a floresta e a folhagem,
não tenhais, ó monges, desejos.[7]

12
Se não cortardes o desejo,
mínimo, do homem pela mulher,
a mente ainda estará jungida,
tal bezerro que mama, à mãe.

13
Corta a atração pelo teu eu,
como a um lírio, com tuas mãos,
dedica-te à trilha da paz,
ao nirvana, que os budas mostram.

14
"Aqui morarei nas monções,
aqui, no verão e no inverno."
Desse modo se expressa o tolo,
pois não sabe se estará vivo.

15
Inebriados por prole e posses,
esses homens de mente ávida,
como a enchente, a vila dormida,
a morte leva de roldão.

16
Não são os filhos um refúgio,
nem pais, parentes ou amigos,
para os mortais, quando chega a morte.
Não se acha refúgio nos outros.

17
Bem consciente dessa verdade,
na virtude, contido, o sábio
o caminho para o nirvana,
bem rápido vai encontrar.

Capítulo XXI
Miscelânea

1
Se abandonando um prazer pequeno
um prazer maior for vislumbrado[1],
que o sábio, vendo o grande prazer,
o pequeno prazer abandone.

2
Se ao infligir dor aos outros,
o seu próprio bem conseguir,
quem conspurcar-se com o ódio,
do ódio não se vai livrar.

3
O que deve ser feito, não é;
o que não deve sê-lo, sim, é.
Dos fúteis, sim, e dos negligentes
apenas aumentam os venenos.[2]

4
Mas para todos os que se controlam,
sempre conscientes do próprio corpo,
sem fazer o que não deve sê-lo,
firmes, sim, no que deve ser feito,
para os vigilantes e os atentos,
os venenos, sim, desaparecem.

5
Tendo matado mãe e pai
e dois rajás da casta xátria,
todo um reino e seu assistente,
sem tremer vai vivendo o brâmane.[3]

6
Tendo matado mãe e pai,
dois rajás da casta dos brâmanes,
como quinto o reino do tigre,
sem tremer vai vivendo o brâmane.

7
Bem despertos quando despertam
estão os alunos de Gáutama,
os quais, durante a noite e o dia,
são sempre conscientes de Buda.

8
Bem despertos quando despertam
estão os alunos de Gáutama,
os quais, durante a noite e o dia,
são sempre conscientes do darma.

9
Bem despertos quando despertam
estão os alunos de Gáutama,
os quais, durante a noite e o dia,
são sempre conscientes da Sanga.[4]

10
Bem despertos quando despertam
estão os alunos de Gáutama,
os quais, durante a noite e o dia,
são sempre conscientes do corpo.

11
Bem despertos quando despertam
estão os alunos de Gáutama,
os quais, durante a noite e o dia,
se deleitam na não violência.

12
Bem despertos quando despertam
estão os alunos de Gáutama,
os quais, durante a noite e o dia,
se deleitam na meditação.

13
Duro é deixar[5] o lar e ser feliz.
Duro é viver no lar, que é sofrimento.
Sofrimento é viver com desiguais.
Sofrimento é ser eterno viajante.[6]
Não sejas, pois, um eterno viajante,
para não seres presa do sofrimento.

14
Convicto[7], cheio de virtude,
possuindo riqueza[8] e fama,
para onde quer que se dirija,
lá será, sim, bem respeitado.

15
De longe são vistos os bons,
como altas montanhas nevadas.
Os maus entre nós não são vistos,
quais setas de noite lançadas.

16
Sentado só, só descansando,
andando só sem se cansar,
só, a si próprio controlando,
na mata encontrará deleite.

Capítulo XXII
Dos infernos

1
Aquele que mente cairá no inferno
e o que tendo feito afirma "Isso não fiz".
Esses dois seres, homens de ações malévolas,
uma vez mortos, no além se igualarão.

2
Muitos o manto açafrão vestem,
não virtuosos, descontrolados.
Maus, por suas ações malévolas,
nos infernos acabarão.

3
Melhor comer bolas de ferro
em brasa[1], ardentes como fogo,
que esmolas dadas de comida,
se sem virtude e sem controle.

4
Quatro males o homem negligente
obtém se dormir com mulher alheia:
mau carma aumentado, constante insônia,
desgraças o terceiro, o quarto o inferno.

5
Mau carma aumentado, mau futuro certo,
o fugaz prazer de amantes temerosos
e a dura punição que o rajá dará:
assim, à mulher dos outros não recorras.

6

Tal como o capim mal-levado,
as mãos profundamente corta,
assim a ascese mal-levada[2]
aos infernos conduzirá.

7

Se indolentes os atos são,
se atos são de devassidão,
se é castidade sob tensão,
grandes os frutos não serão.

8

Fazei o que deve ser feito,
fazendo-o com decisão.
O monge de conduta lassa
só consegue espalhar mais lama.[3]

9

Melhor não praticar maus atos,
maus atos no além nos torturam.
Melhor praticar atos bons,
dos quais não nos arrependemos.

10

Tal como a vila na fronteira,
guardada por dentro e por fora,
assim deves a ti guardar.
Não deixes passar a oportunidade
de praticar boas ações.
Aqueles que a deixam passar,
lamentar-se-ão nos infernos.

11

Com vergonha do não vergonhoso,
sem vergonha do que é vergonhoso,

aqueles que têm visão errônea,
para mundos infelizes irão.

12
Temendo o que não causa medo,
sem medo do que amedronta,
os que mantêm visão errônea,
pra mundos infelizes irão.

13
Vendo erros onde não há erros,
e não os vendo onde os há,
os que mantêm visão errônea,
pra um mundo infeliz, sim, irão.

14
Vendo erros só onde os há,
não os vendo se não os há,
os que mantêm visão correta,
para um mundo feliz, sim, irão.

Capítulo XXIII
O elefante

1
Como o elefante na batalha,
setas atiradas dos arcos,
aguentarei palavras falsas.
Poucos são os que são virtuosos.

2
Um bem-domado[1] ao povo levam.
Um bem-domado o rajá monta.
Melhor pro mundo um bem-domado
que falsas palavras aguente.

3
Boas são as mulas domadas,
puros-sangues vindos do Síndi
e elefantes com grandes presas:
melhor é quem a si domou.

4
Montado nesses animais,
não se atinge a ignota região[2],
que atinge quem monta seu eu,
bem-domado, bem-controlado.

5
Danapálaco, grandioso elefante,
se no cio, é duro de controlar.[3]
Amarrado, nada aceita comer,
lembrando-se da mata com seus pares.

6
Quando alguém for preguiçoso e glutão,
sempre dormindo, pelo chão rolando,
tal grande cerdo cevado a lavagem,
tolo[4], sempre entrará no útero.[5]

7
Antes, essa mente se habituava a vagar
onde queria ou lhe aprazia, a seu prazer.
Hoje, vou domá-la sistematicamente,
como com o aguilhão, o elefante no cio.

8
Tenham prazer na vigilância,
vigiem os seus pensamentos,
evitem sempre os maus caminhos,
como os lameiros, o elefante.

9
Se encontrares um companheiro prudente,
que te siga, de vida ilibada, sábio,
e que de nenhum perigo[6] tenha medo,
feliz, bem atento, que a ele te ligues.

10
Se companheiro prudente não achares,
que te siga, de vida ilibada, sábio,
tal como o rajá que abandona conquistas,
vai só, como o elefante Matanga na mata.

11
Melhor é viver solitariamente,
não existe companhia no tolo!
Vive sozinho e atos maus não pratiques,
como elefante à vontade na mata.

12
Felicidade é ter amigos na hora má,
felicidade é contentar-se com o que há,
felicidade são bons atos ao morrermos,
felicidade é abandonar todos os males.

13
Felicidade é aqui reverenciar a mãe,
como também é reverenciar nosso pai.
Felicidade é aqui reverenciar o asceta,
como também é reverenciar os virtuosos.[7]

14
Felicidade é ser virtuoso até a velhice,
felicidade é ser convicto[8], inabalável,
felicidade é ter sabedoria plena,
felicidade é não cometer atos maus.

Capítulo XXIV
Dos desejos

1
Dos homens que vivem com negligência,
como o mata-pau, crescem os desejos.
De vida em vida pulam, quais macacos,
quando querem comer frutos na mata.

2
Quem neste mundo é dominado
pela sede vil dos desejos,
seu sofrimento crescerá,
como o capim, com muita chuva.

3
Mas quem neste mundo domina
os desejos vis, renitentes,
seu sofrimento se esvairá,
tal gota, na folha do lótus.[1]

4
Sede felizes! Isso digo
a todos vós aqui reunidos.
Cortai do desejo as raízes,
como ao cortar capim-cheiroso.[2]
Qual rio, ao junco, não deixai
que Mara pra sempre vos dobre.[3]

5
Se, não tocadas, ficam firmes as raízes,
mesmo se derrubada, crescerá a árvore.
Assim, se não se cortam desejos e gostos,
nosso sofrimento sempre vai renascer.

6
Em quem as trinta e seis torrentes[4]
são fortes no álveo dos desejos,
os rios dos pensamentos lúbricos
arrastarão este insensato.

7
Tudo é alvo dos vis desejos[5],
que nos envolvem tal cipó.
Vendo deles vir tal cipó,
com o saber cortai-lhe as raízes!

8
Constantes e visguentas são
as satisfações que busca o ser humano.
Ligado ao belo, o prazer buscando,
não se livra do nascimento e da morte.

9
Os levados pelas ânsias dos desejos,
como lebres na armadilha se debatem,
já que são presa de amarras e correntes.
Muitas vezes vão sofrer por muito tempo.[6]

10
Os levados pelas ânsias dos desejos,
como lebres na armadilha se debatem.
Por isso, que o monge descarte o desejo,
desejando apenas dele libertar-se.

11
Livre da mata mas preso às folhagens[7],
livre da mata mas voltando a ela.
A esse homem tendes de observar:
liberto, aos grilhões quer ele voltar![8]

12
Diz o sábio que não são fortes os grilhões
feitos de ferro, de madeira ou de cordas.
A excessiva atração por joias e gemas
e o afeto pelos filhos e pela esposa,

13
estes, diz o sábio, é que são grilhões bem fortes.
Suaves, duros de desatar, nos rebaixam.[9]
Desatados esses grilhões, seus lares deixam,
desprezados os prazeres, sem um desejo.

14
Ao desejo[10], os que são presa dos prazeres voltam,
como a aranha à teia que para si teceu.
Tendo-os abandonado, o sábio segue,
sem desejos, livre de todo sofrer.

15
De lado o futuro, o passado e o presente![11]
Quem cruzar para a outra margem do existir,
com a mente liberta em todos os sentidos,
nascimento e velhice não mais verá.[12]

16
Para os homens de mente sempre irrequieta,
de paixões intensas, olhos no belo,
o desejo não cessa de aumentar.
Esse, sim, faz mais fortes os grilhões.

17
Mas quem se deleita na mente calma,
consciente quanto à feiura dos seres[13],
este, sim, conseguirá extinguir-se,
pois irá cortar os grilhões de Mara.

18
Chegado ao alvo[14], sem temores,
livre dos desejos, sem nódoas[15],
quebrada a seta[16] da existência:
este, seu derradeiro invólucro.

19
Livre dos desejos e amarras,
hábil no interpretar os textos,
conhecendo a ordem das letras[17],
as que vêm antes ou depois,
deste grande homem, sábio imenso,
se diz ser seu corpo o final.

20
Senhor de tudo, sabedor de tudo eu sou,
imaculado por todo e qualquer dos darmas,
tudo deixando, livre com o fim dos desejos,
sozinho intuindo, a quem chamarei de mestre?

21
Entre todas as dádivas, vence a do darma,
entre todos os aromas, vence o do darma,
entre todos os deleites, vence o do darma.
A extinção dos desejos todo sofrer vence.

22
As posses destroem os néscios,
não quem procura ir além.
Porque as desejas, destrói-te,
como se fosses teu rival.

23
O inço é a praga dos campos,
para os homens o desejo o é.
Para os livres de todo desejo,
o darma dará grandes frutos.

24
O inço é a praga dos campos,
para os homens o ódio o é.
Para os livres de todo ódio,
o darma dará grandes frutos.

25
O inço é a praga dos campos,
para os homens a ilusão o é.
Para os livres de toda ilusão,
o darma dará grandes frutos.

26
O inço é a praga dos campos,
para os homens a avidez o é.
Para os livres de toda avidez,
o darma dará grandes frutos.

Capítulo XXV
Dos monges

1
Conter os olhos é propício,
é propício conter o ouvido,
conter o olfato é propício,
é propício conter a língua,

2
conter nosso corpo é propício,
é propício conter a fala,
conter nossa mente é propício,
é propício contê-los todos.[1]
O monge que todos contém
livra-se de todo sofrer.

3
Contido nas mãos, contido nos passos,
contido na fala, todo contido,
na introspecção tendo prazer, composto,
só, feliz, este eu considero um monge.

4
Do monge contido na fala,
de falar moderado, humilde,
que ilustra a mensagem do darma,
são doces as suas palavras.

5
O monge que transforma o darma
em sua casa, em seu deleite,
em seu pensar, em seu lembrar
nunca abandonará o darma.

6
Não desprezes o que te dão.
Não vivas com inveja dos outros.
O monge que os outros inveja
não pode concentrar a mente.[2]

7
O monge que pouco recebe[3],
mas que este pouco não despreza,
até os próprios deuses louvam,
de vida ilibada, incansável.

8
Para quem não há meu e nem eu
e nem tudo o que o eu compõe,
sem lamentar que o eu não é,
este, sim, considero um monge.[4]

9
O monge que é somente afável,
seguindo o que Buda ensinou,
atinge o domínio da paz[5],
feliz com o fim dos sancaras.

10
Vaza a água desta nau, monge!
Leve, depressa ela te leva.[6]
O desejo e o ódio cortados,
assim chegarás ao nirvana.

11
Corta cinco, cinco abandona
e cinco cultiva além disso.
Do monge sem as cinco amarras,
diz-se "o que cruzou a enchente".[7]

12
Medita, ó monge, e não caias na negligência,
não entres no vórtice da sensualidade.
Negligente, não engulas bolas de aço
quando em brasa[8], nem lamentes: "Ai, como sofro!"

13
Não há meditação sem sabedoria,
não há sabedoria[9] sem meditar-se.
Quem medita e consegue tornar-se sábio,
este, sim, está próximo do nirvana.

14
Tem o monge de mente calma –
que na casa vazia[10] entrou
e que o darma bem percebeu –
prazer maior que o dos mortais.

15
Quem compreende perfeitamente
que os candas surgem e se vão,
néctar[11] para quem isso bem vê,
alegria encontra e deleite.

16
Este deve ser o começo,
neste mundo, para o monge sábio:
dominar-se a si, contentar-se,
às regras[12] saber subjugar-se
e amigos virtuosos manter,
de vida ilibada, aplicados.

17
De trato amistoso sejamos,
e tenhamos boas maneiras,
para que seja muita a alegria
e chegue ao fim o sofrimento.

18
Tal como faz o jasmineiro,
que deita fora as flores murchas,
o monge também deita fora
todo ódio e todo desejo.

19
O corpo em paz, em paz a voz,
tranquilo, sempre bem-composto,
rejeitado o prazer sensual,
este monge chamo eu de plácido.

20
Que te critiques a ti próprio
e que a ti próprio te corrijas.
Todo monge que a si vigia,
atento, viverá feliz.

21
Somos nosso próprio refúgio,
somos o nosso próprio guia.
Por isso, que a ti te controles,
como o charreteiro, o corcel.

22
O monge cheio de alegria,
que segue o que Buda ensinou,
atinge o domínio da paz,
feliz com o fim dos sancaras.

23
Eu vos digo que o jovem monge,
jungido à palavra de Buda,
a este mundo enche de luz,
tal lua surgindo das nuvens.

Capítulo XXVI
Dos brâmanes[1]

1
Esforçado, cruza a torrente![2]
Livra-te dos prazeres, brâmane,
vendo que os sancaras têm fim,
chegarás ao nirvana[3], brâmane.

2
Quando, imbuído dos dois darmas,
chega à outra margem o brâmane,
para ele, que ora tudo sabe,
todos os grilhões[4] se arrebentam.

3
Para quem esta e a outra margem,
ambas, deixaram de existir[5],
quem se livrou da dor, sem jugos,
a este, sim, chamo eu de brâmane.

4
Quem, sem desejos, só, medita,
o dever cumprido[6], sem nódoas,
quem chegou ao alvo supremo[7],
a este, sim, chamo eu de brâmane.

5
Durante o dia brilha o sol,
a lua fulgura de noite,
na armadura brilha o rajá,
na meditação brilha o brâmane,
mas todo o dia e toda a noite
brilha o Buda em seu esplendor.

6
Se livre do mal, é um brâmane[8],
é um asceta, se vive calmo.
Se se livrou das próprias nódoas,
este, sim, é que foi adiante.

7
Não fira seus iguais um brâmane,
nem a eles mova vingança.
Vergonhoso atacar um brâmane,
mais ainda, se por vingança.

8
Não será algo de pequena importância
ter-se livrado do prazer de vingar-se.
Quando cessar toda violência na mente,
todo sofrimento apaziguar-se-á.

9
Quem não pratica nenhum mal,
com o corpo, a fala e a mente,
contido nestes três aspectos,
a este, sim, chamo eu de brâmane.

10
A quem ensina o darma vero,
perfeitamente iluminado,
prestemos nossa reverência,
como fazem ao fogo os brâmanes.[9]

11
Não pelas tranças, pelo clã,
pelo nascimento se é brâmane.
Em quem há verdade e há darma,
este, sim, que é puro e que é brâmane.

12

Para que tuas tranças, ó tolo,
para que essa pele de gamo?[10]
Dentro de ti há uma selva[11],
apenas do exterior tu cuidas.

13

Quem veste os trapos dos monturos,
magro, as veias do corpo à mostra,
quem medita, só, na floresta,
a este, sim, chamo eu de brâmane.

14

Eu nunca chamarei de brâmane
quem vier de ventre de mãe brâmane:
não passa de alguém arrogante[12],
de alguém que possui muitos bens.
Quem nada tem e nada toma,
a este, sim, chamo eu de brâmane.

15

Tendo todos grilhões cortado,
destituído de todo medo[13],
além das amarras, sem laços,
a este, sim, chamo eu de brâmane.

16

Se cortou a correia e a cilha,
e a corda com aquilo que traz,
levantada a barra[14], desperto,
a este, sim, chamo eu de brâmane.

17

Quem aguenta, sem ódio, insultos,
maus tratos, encarceramento,
na calma forte como exército,
a este, sim, chamo eu de brâmane.

18
Sem ódio, aplicado nas regras,
virtuoso, livre dos desejos,
domado, no último corpo[15],
a este, sim, chamo eu de brâmane.

19
Como água na folha do lótus,
ou um grão[16] na ponta d'agulha,
quem não se fixa nos prazeres,
a este, sim, chamo eu de brâmane.

20
Quem aqui mesmo neste mundo
souber como a dor chega ao fim,
livre do fardo dos desejos,
a este, sim, chamo eu de brâmane.

21
Se tem profunda visão, sábio,
se aparta o bom do mau caminho,
se chegou ao alvo supremo,
a este, sim, chamo eu de brâmane.

22
Não se ligando aos que têm lar
e também aos que não o têm,
vivendo sem casa, com pouco,
a este, sim, chamo eu de brâmane.

23
Quem deixar de usar o chicote,
contra os fortes e contra os fracos,
se não mata, nem causa a morte,
a este, sim, chamo eu de brâmane.

24
Sem hostilidade entre hostis,
pacífico entre os armados,
sem ambição entre ambiciosos,
a este, sim, chamo eu de brâmane.

25
Se o desejo, o ódio, a vaidade
e a falsidade despencaram
como o grão da ponta d'agulha,
a este, sim, chamo eu de brâmane.

26
Àquele que fala a verdade,
sem aspereza, edificando,
em ninguém despertando ira,
a este, sim, chamo eu de brâmane.

27
Àquele que aqui neste mundo
não se apossa se não lhe dão,
seja coisa grande ou pequena,
cara ou não, prazerosa ou não,
a este, sim, chamo eu de brâmane.

28
Em quem não se encontram anseios,
aqui neste mundo e além,
livre dos desejos, sem laços,
a este, sim, chamo eu de brâmane.

29
Em quem não se encontram amarras,
convicto por saber profundo,
no nirvana sem morte imerso,
a este, sim, chamo eu de brâmane.

30
Quem neste mundo está além
das amarras, boas e más,
livre da dor, das nódoas, puro,
a este, sim, chamo eu de brâmane.

31
Quem como a lua é claro e puro,
sereno, sem agitação,
extinta a ânsia de existir,
a este, sim, chamo eu de brâmane.

32
Quem este atoleiro difícil[17],
o samsara, a ilusão deixou,
meditando, além, no outro lado,
sem desejos, com convicção,
sem amarras, apaziguado,
a este, sim, chamo eu de brâmane.

33
Quem aqui descarta os desejos,
sem casa, se faz andarilho,
extinto o desejo de ser
e também o prazer sensual,
a este, sim, chamo eu de brâmane.

34
Quem aqui descarta a ansiedade,
sem casa, se faz andarilho,
extinta a ânsia de existir
e também o prazer sensual,
a este, sim, chamo eu de brâmane.

35

Quem abandona o jugo[18] humano
e transcende o jugo dos céus,
livre de todas as amarras,
a este, sim, chamo eu de brâmane.

36

Quem, sem prazer ou desprazer,
calmo e sem desejos sensuais,
herói que conquistou mundos,
a este, sim, chamo eu de brâmane.

37

Quem percebe que todo ser,
assim como nasce, fenece,
sem desejos, feliz, desperto[19],
a este, sim, chamo eu de brâmane.

38

Quem cujo curso não percebem
os deuses, homens e gandarvas,
livre das nódoas, Homem Digno[20],
a este, sim, chamo eu de brâmane.

39

Pr'aquele pra quem nada existe,
no porvir, presente ou passado,
nada tendo e nada querendo,
a este, sim, chamo eu de brâmane.

40

Se touro, magnífico, heroico,
grande sábio, conquistador[21],
sem paixões e purificado,
a este, sim, chamo eu de brâmane.

41
Quem vê suas vidas passadas,
e vê os céus e os infernos,
quem extinguiu o renascer,
sábio, com a mais profunda visão,
chegado à perfeição final,
a este, sim, chamo eu de brâmane.[22]

Notas

Capítulo I

1. Os dois primeiros versos do *Darmapada* são os mais importantes e os de mais difícil tradução. Em páli: "*Manopubbangama dhamma,/ manossettha, manomaya.*". A tradução, aqui, é literal e acompanha exatamente os termos originais. *Mano*, pensamento, mente, é fruto do órgão *citta* (lê-se /txit-ta/, coração, que se considerava no tempo de Buda o órgão do pensar e do sentir), assim como a visão vem dos olhos, o olfato, do nariz, a audição, dos ouvidos e assim por diante. Da mesma maneira, como o objeto da visão são as formas, o do olfato, os aromas, o dos ouvido, o som, os objetos do *citta* são todas as elaborações mentais – os darmas –, como as ideias, os pensamentos, os sentimentos, as intenções etc. Além disso, darma também quer dizer tudo o que há na realidade externa a nós, das partículas atômicas às maiores galáxias, e, por isso, também objetos do *citta*. Ou seja: darmas são as coisas e as elaborações mentais. É impossível traduzir todos os significados de darma. Consequentemente, o colocamos na lista dos termos intraduzíveis (p. 39). Isso para evitar (como fizeram até aqui todos tradutores que encontramos) voltar ora para o primeiro, ora para o segundo significado apontados acima. Em outras palavras, acentuar seja o sentido de darma que se relaciona à existência (todos os fenômenos, aspecto ontológico), seja o que se relaciona à percepção (todas as elaborações mentais, aspecto epistemológico), ou mesmo ao fato de que tudo que existe é passageiro. A decisão é sumamente importante. O ponto de vista ontológico gerou interpretação "idealista", que diz ser a realidade criação da mente. O epistemológico gerou interpretação "realista". Optamos por tradução literal, para o que se prestou com perfeição a língua portuguesa. Se não é possível traduzir esses dois versos, com esta nota é possível entendê-los em seu duplo aspecto e grande complexidade. No entanto, à margem dessa complexidade conceptual, ficaríamos ao lado da autoridade dos *Comentários Cingaleses Explicativos do Darmapada* (século III a.C. a século V), que nos reportam à história que narra o momento em que Buda disse a primeira estrofe do *Darmapada*. A tradição diz que Buda comentou o comportamento de um médico que, numa existência, cegou uma mulher que não quis pagar-lhe e

que, noutra, reapareceu como um monge cego. O darma aqui foi a intenção, a volição negativa do médico que precedeu o sentimento de vingança. O sentir do médico foi precedido, condicionado pela maneira com que sua mente, mal-intencionada, impura, interpretou os fatos.

2. "Mente pura/impura", impurezas – tradução de *kasava*, que significa "infusão", "destilação". "Impurezas" foi o termo consagrado nas traduções ocidentais para designar as três causas fundamentais do sofrimento do homem em vida, ou seja, a origem das más intenções, do carma mau. São elas: 1) o desejo – em todas suas formas, é o querer algo, alguém ou alguma coisa, material ou não; em suma, tudo o que desejamos para nós, a volição positiva; 2) o ódio – abrangendo todos os sentimentos que o originam ou dele decorrem, como a cólera, a má vontade, as más intenções, as aversões, a malícia, as palavras rudes, agressivas; em suma, tudo o que de mau desejamos para os outros, ou o que não desejamos para nós, a volição negativa; 3) a ilusão – a estupidez, a ignorância, a inconsciência, a indiferença, o erro, o engano, a inadvertência, o desatino, as ideias falsas, a desatenção, a negligência, a imprudência; em suma, tudo o que nos impede de ver (e nos leva a agir contra) a ordem natural das coisas, a Lei Natural – em última análise, o darma, os ensinamentos de Buda. Assim, quem fizer desaparecer de sua mente essas impurezas, libertará seu carma do ciclo de vidas e mortes a que está ele submetido, nirvanizando-se.

3. "Sim" – no texto páli, *hi,* termo expletivo e enfático usado para dar força a uma afirmação. Buda constantemente o usa, em todo o *Darmapada*, a ponto de poder dizer-se ser uma característica própria, individual, de sua maneira de falar. O vocábulo "sim" se adapta bem ao usado por Buda.

4. "Aqui" e além – como em português, *idha* (/id-há/, com h aspirado), aqui, e *pecca* (/pet-txá/), além, significam este mundo e o mundo após a morte. Buda, através da meditação, constatou a existência de diversos "mundos", também chamados de "planos de existência". De suas palavras, fez-se a seguinte classificação dos mundos, que coexistem contemporânea e paralelamente: I – Mundos miseráveis: os infernos (esta tradução de *Niraya*, corrente no Mundo Ocidental, é imprópria, pois a existência nele, ainda que tão terrível como a no inferno da concepção cristã, não é eterna: a permanência no *Niraya* dependerá da extensão do mau carma que causou o aparecimento de um determinado ser neste mundo "infernal", onde, aliás, as possibilidades de que venha a praticar o bem e a consequente elevação para

mundos mais felizes são infinitamente reduzidas, mas existem. Mundo exclusivamente miserável); o mundo dos animais (também com muito poucas possibilidades da prática do bem. Mundo miserável); o mundo dos espíritos insaciáveis (com pouca possibilidade de praticar-se o bem. Mundo quase totalmente miserável); o mundo dos titãs (ou gigantes, os Titãs da mitologia greco-romana, em constante luta entre si, com quase nenhuma possibilidade de praticar o bem. Mundo poderosamente miserável. Segundo a tradição, homens como Hitler, Átila, Nero etc. teriam seu carma dirigido a este mundo); II – Mundos de satisfação sensorial: o mundo dos homens (em grande parte feliz, pois, além de poder-se praticar o bem, só nele podemos encontrar o caminho do nirvana, já que é apenas em nosso mundo que existem o amor e o conhecimento, desconhecidos até mesmo em mundos mais felizes); seis diferentes mundos de devas (estes são "espíritos radiantes", impropriamente traduzidos por "deuses". Deva, deus e dia têm a mesma raiz indo-europeia: *deiá*, brilhar. Não são deuses como na tradição ocidental, entre outras razões, porque não são eternos ou porque já tiveram existência em outros mundos, inclusive no dos seres humanos. Assim como nós, estão sujeitos à acumulação do carma, porque têm desejos – de serem amados e de amar –, ódio – temor da morte, dos ataques dos titãs etc. – e são presas da ilusão – alguns devas, os Nimanárati, pensam que são eternos, que criaram mundos ou que os governam – os Paranimitavassávati. Logo acima dos homens, existem os devas ainda diferenciados por sexo, mas sem sexualidade. Exclusivamente felizes); III – Mundos de formas: são dezesseis mundos de "espíritos sublimes" ou *brahma* (lê-se /brah-má/, com o h aspirado), bramás, no português de Goa, na Índia (não confundir com [1] Bramá, com maiúscula e singular, que, ao lado de Vixnu e Xiva, forma a trindade central dos deuses do hinduísmo; [2] brâman, a alma universal que perpassa o Ser, conceito do hinduísmo, e [3] brâmane, sacerdote hinduísta). Entre os bramás, estão os de aura infinita, os de pura beleza e os supremos. Também exclusivamente felizes; IV – Mundos sem formas: são quatro mundos de "espíritos sem forma": o de infinito espaço, o de infinita consciência, o do nada e o da nem-percepção-ou-nem-não-percepção. Puramente felizes. A existência dos "seres" nesses quatro níveis, sem exceção, é passageira. Tais mundos são comunicáveis entre si, especialmente os mais próximos. Assim, não são raros os contatos dos homens com os espíritos insaciáveis e com os devas dos níveis mais próximos. Esses contatos, contudo, se bem que não proibidos, não são recomendados pelo budismo, porque aumentam o carma mau (desejos de poder, não aceitação de que tudo é passageiro, sobretudo pela tentativa de entrar em contato com pessoas falecidas, que na verdade podem ser espíritos insaciáveis travestidos, que têm inveja da mente, do corpo e da capacidade de amar e conhecer do homem). No entanto, o homem, com a mente bem-treinada através da meditação, pode, em princípio, percorrer todos esses níveis de existência. O primeiro nível é composto por mundos miseráveis, os outros três são mundos felizes, inclusive o nosso.

5. Mara é a morte e também os desejos. Buda, em sua prédica, utilizou vários dos deuses nos quais criam as populações com quem entrou em contato, para ser melhor compreendido. Aqui, por exemplo, "abatido por Mara" deve ser entendido como vencido pelos desejos e por isso mantido no samsara (ver Termos intraduzíveis, p. 39), ou seja, imerso no ciclo de vidas e mortes.

6. "Contemplando o desagradável" – um dos exercícios da meditação budista (ver p. 31) para convencer-nos de que tudo é passageiro. Um exemplo desses exercícios é concentrar-se nos efeitos da morte sobre o corpo.

7. "Confiante" – tradução de *saddha*, palavra geralmente traduzida por fé, o que dá margem a confusão devido à associação deste conceito com a religião cristã. No budismo, a "confiança" dos "convictos", dos "confiantes", só passa a existir depois de alguém estar plenamente convencido da eficácia do darma, seja porque segui-lo diminuiu seus sofrimentos nesta vida, seja porque, através da meditação budista, constatou a veracidade da palavra de Buda, do darma.

8. "Autocontrole" – tradução de *damá*, domado; é a capacidade de a mente dominar as três impurezas.

9. "Manto açafrão" – é a veste dos monges budistas, tal como se usa principalmente no Ceilão e na Tailândia, de cor amarelo-alaranjado, que segundo a tradição era a cor das mortalhas abandonadas, tingidas pela terra da região do Ganges, com cujos restos se vestiam os ascetas do tempo de Buda. Nos versos do *Darmapada*, Buda se dirige quase sempre aos monges, que chama de *bikkhu*. Esse vocábulo, que originalmente significava "mendicante", passou a significar "monge". No português de Goa, na Índia, diz-se "bico", feminino, "bicunim". Durante a vida de Buda, a grande maioria de seus ensinamentos foi dirigida aos adeptos que viviam em torno dele e que levavam vida monacal. No entanto, Buda carinhosamente chamava de bico (que também quer dizer noviço) qualquer pessoa que dele se aproximava para ouvi-lo. Por outro lado, como vimos na Introdução, atingir o

nirvana, nesta vida, só é possível para quem abandona o mundo e leva uma vida "fora do lar", tornando-se monge, uma vez que uma vida totalmente moral é necessária para liberar a mente. Assim, nesse contexto, vestir o manto açafrão pode significar seguir adiante no caminho do nirvanar-se.

10. "O real" e "o irreal" – as impurezas (ver nota 2) fazem com que o homem tenha uma visão inversa da realidade, confundindo o que é com o que não é. Consideramos que a realidade é permanente, que as coisas têm uma essência e que podemos tirar dela ou delas prazer. Ao contrário (ver estrofes 277, 278 e 279), tudo é passageiro, não tem essência e, por essas duas características, traz sofrimento. A ideia de "eu" que temos de nós próprios, disse Buda, não passa de uma ilusão. Só uma mente bem-direcionada, que esteja "no campo dos pensamentos corretos", chega à aceitação de que a realidade é passageira, de que não tem essência e de que traz sofrimento. A completa aceitação dessas três características de tudo o que existe faz cessar as impurezas e liberta nossa mente, atingindo-se o nirvana. Essa é a visão real.

11. "Treinamento" – indica aqui a prática não apenas do darma, que requer constante atenção, vigilância e controle dos nossos sentimentos e intenções, como também da meditação, tal como ensinada na tradição budista (ver A meditação budista, p. 31).

12. "Carma" – em páli, *kamma*; em sânscrito, *karma*, é palavra derivada do radical indo-europeu *quer* – agir, fazer, construir, formar, produzir, tecer, urdir – presente na palavra latina *corpus*. É um dos conceitos fundamentais do pensamento oriental, anterior a Buda e por ele revisto. Carma, no budismo (ver Termos intraduzíveis, p. 38), é conceito totalmente diverso do existente em algumas das religiões seguidas no Brasil. No budismo, significa intenção – boa, má ou neutra. Carma não é a ação, mas a intenção que precede o agir (ver nota 1 deste Capítulo). A ação é chamada de "fruto do carma". Toda intenção, seja boa ou má, terá consequências boas ou más e marcará a realidade nesse ou naquele sentido. Essa marca boa ou má durará na proporção da sua intensidade. Ao morrer qualquer ser, o somatório de seu carma bom e de seu carma mau reaparecerá, neste ou naquele mundo, segundo o resultado seja basicamente bom ou mau. Assim, os espíritos sublimes, que duram períodos inimagináveis (um dia em seu mundo corresponderia a um calpa – 4.320.000.000 anos entre nós!), originam-se de igualmente inimagináveis quantidades de carma bom, de boas intenções tidas em vidas pregressas. Por sua vez,

a existência nos mundos miseráveis é o resultado do reaparecimento neles da imensa quantidade de más intenções de seres caracterizados pela prática anterior de grande quantidade de carma mau. Tudo o que existe, em qualquer dos mundos, é previamente condicionado. Por isso, tudo o que existe é também passageiro. Assim, a existência de qualquer ser em qualquer dos mundos cessará de existir quando cessarem os efeitos do carma anterior; por outro lado, o somatório do carma nessa existência reaparecerá num mundo que corresponda ao seu teor de bondade ou maldade. É o samsara, o ciclo de vidas e mortes. O reaparecimento pode ocorrer em mundos de maior, de menor ou do mesmo grau de felicidade. No entanto, todo ser não tem essência. O que reaparece não somos nós, pois nosso ser não tem nada que sobreviva à nossa existência. O que reaparece é o carma, as intenções. Assim, quando jogamos uma pedra num lago calmo, os círculos que se formam e desaparecem não são a nossa pessoa. Como o lago, marcamos o universo com nossas intenções. São elas que continuam após a morte e não nossa identidade, que é ilusória e passageira. Se morrermos logo depois de jogada a pedra, os círculos d'água continuarão. Por isso, todos os seres, inclusive os homens, são diretamente responsáveis por seus sentimentos e atos, uma vez que causam o bem ou o mal não apenas neste, mas em outros mundos.

Do que foi dito até aqui, compreende-se que no budismo inexistem, ao contrário da crença difundida no mundo ocidental, os conceitos de renascimento e reencarnação. O que o budista constata, através das experiências decorrentes da meditação, é o reaparecimento do carma neste ou naquele mundo. Por isso, compreende-se também que no budismo inexiste a ideia de "retribuição" ou de "punição" aos nossos atos; inexiste, justamente por isso, a ideia de pecado. O que se verifica é ser uma Lei Natural (darma) que o bem produza o bem e o mal, o mal.

Nesse contexto, transparece o profundo humanismo dos ensinamentos de Buda. Isso porque apenas o homem, entre todos os seres de todos os mundos, através de sua mente e do conhecimento do darma, pode libertar-se do ciclo de vidas e mortes. Com efeito, já antes de Buda, Crixna teria dito: "Bendito seja o nascimento dos homens, pois só eles, nem mesmo os próprios espíritos bem-aventurados, têm acesso ao amor e ao conhecimento". Ou seja: os devas, os espíritos sublimes e os espíritos sem forma, embora pura bondade e felicidade, têm pequena ou nenhuma compreensão e desconhecem o amor tal como nós o conhecemos; seu carma teria de reaparecer no mundo dos homens para poder nirvanizar-se, através da percepção e da prática do darma, que só se encontra em nosso mundo.

13. "Sem ligar-se ao aqui ou ao depois" – entre as intenções geradoras de carma estão os desejos de continuar a existir neste mundo, ou seja, de não morrer, nossa não aceitação do sofrimento e o desejo de reaparecer em níveis de existência mais felizes do que o nosso, como nos "céus". Veja-se como, neste ponto, o budismo é o oposto do cristianismo. Para os budistas, tais desejos impedem a realização do nirvana.

14. "A bem-aventurança do asceta" – é o nirvana. Asceta, aqui, é sinônimo de monge. Vimos que para atingir o nirvana é necessário levar uma vida totalmente moral, o que é impossível no mundo laico.

Capítulo II

1. "Vigilância" é tradução de *appamada*, e seu antônimo, *pamada*, traduziu-se por "negligência". O significado da palavra vigilância se aproxima do termo páli, mas é necessário estarmos conscientes de que o conceito original engloba as ideias de atenção, diligência e precaução. A ideia de prudência, pois, muito próxima de *appamada*, deixa, no entanto, de transmitir a ideia de diligência. *Appamada* é um constante estado de ativa atenção, capaz de prever e evitar o mal e de antecipar e praticar o bem, para nós e para os outros. A vigilância, assim definida, é considerada a virtude central da doutrina budista. Com efeito, conta-se que Buda a apontou como tal, respondendo a uma pergunta do rajá de Côssala.

2. A prática da vigilância anula a morte no sentido de que através dela se atinge o nirvana. Por isso, o vigilante cessa de morrer, ou seja, livra-se do samsara, o ciclo de vidas e mortes.

3. "Liberação insuperável" – é uma descrição do nirvana. Liberação é tradução de *yogakkhemam*, que literalmente quer dizer "esforço e descanso". O termo pode também ser traduzido por "livre dos jugos" (*yoga*), das amarras, dos grilhões que nos prendem a este mundo (ver nota 7, a seguir). É insuperável porque o nirvana está fora dos níveis de existência.

4. "Ilha" – o vocábulo páli do texto também poderia ser traduzido por "refúgio". As cheias, as enchentes, são geralmente interpretadas como símbolo das impurezas (ver nota 2, Capítulo I).

5. "Grande Ventura" – o nirvana.

6. "Indra" – o Sol divinizado, o deus mais cultuado pela religião védica no tempo de Buda. Mais uma vez utiliza Buda os deuses reve-

renciados por seus contemporâneos para explicar sua doutrina. Aqui, a vigilância é elevada ao nível de virtude divina.

7. "Amarras" – a ideia de grilhões, amarras, laços, vínculos, liames, jugos é central no budismo. São as ligações ao existir que nos causam sofrimento e impedem que nos libertemos do samsara, o que faz nosso carma rodar no ciclo de vidas e mortes. As amarras são classificadas em pequenas e grandes. I – Pequenas amarras: 1) Ideia falsa do "eu" (ver A Primeira Nobre Verdade, especialmente p. 21); 2) A dúvida, a insegurança; 3) Adesão a ritos ou rituais; 4) Desejo sexual; 5) Repulsa, raiva; II – Grandes amarras: 6) Desejo de renascer no nível dos deuses; 7) Desejo de renascer no nível dos espíritos sublimes; 8) Vaidade, orgulho; 9) Inquietação, impaciência, distração; 10) Ignorância; 11) Falsas ideias; 12) Desejo de existir; 13) Mesquinhez, avareza.

Capítulo III

1. Quando a mente se liberta do reino de Mara (ver nota 5, Capítulo I), ou seja, do domínio do desejo, do ódio e da ilusão, sente-se perdida, como um peixe fora d'água, tão acostumada a ele está.

2. "Amarras de Mara" – o desejo, o ódio e a ilusão.

3. "Mente enxuta" – não afetada pelo desejo. "Mente invicta" – que não se deixou conquistar pelo ódio.

Capítulo IV

1. O pupilo é o estudioso do darma, especialmente os discípulos de Buda – os monges. "Jardineiro" é muitas vezes traduzido como "o que faz guirlandas". Conquistará os três mundos, fugirá ao samsara (ver Termos intraduzíveis, p. 39) quem perfeitamente compreender (e praticar o darma). Em páli, colher e compreender são a mesma palavra, tal como em inglês, no caso de *gather*.

2. "Certo de que sua essência é miragem" – ensinamento básico do budismo: a realidade é *anatta*, "anânima", sem alma, ou seja, sem essência. Tudo o que existe são fenômenos condicionados por outros fenômenos, que desaparecem sem nada deixar, uma vez desaparecidas as condições e elementos que o originaram.

3. "Flechas floridas" (com ponta de flores) e "o homem que só colhe flores" (ver próxima estrofe) – a tradição indica que flores são os desejos, pois quem cultiva flores não pode deixar de admirá-las e

querer mais, tal como os desejos que precisam ser saciados constantemente. São as armas de Mara; atraentes, mas que nos deixam sempre insatisfeitos.

4. "Exterminador" – Mara, a morte.

5. "As boas palavras" – o próprio darma.

6. "*Tagara*" – flor cheirosa não identificada.

7. "Saber ótimo" – o darma.

Capítulo V

1. "Tolos" – os que não seguem ou que não querem seguir o darma.

2. O "eu" é uma ilusão.

3. "Com um capim" – Buda se refere aqui aos ascetas que pretendiam chegar à verdade com grandes sacrifícios e jejum e que efetivamente comiam com um capim para comer muito pouco, com grande dificuldade. O próprio Buda havia tentado essa via. (ver A vida de Buda, p. 16.)

4. "Décimo sexto" – no tempo de Buda se usava sistema numérico quaternário.

5. "Cabeça" – símbolo da sabedoria, do conhecimento.

6. Os monges budistas viviam e vivem de doações de comida, vestuário, remédios e tudo mais, sendo seus parentes fiéis doadores, assim como ocorre hoje.

Capítulo VI

1. "Aos que não seguem o darma" – *Purisa adhamma*: homens sem darma, sem comportamento moral.

2. "Nobres" – no sentido moral.

3. "Se libertam" – do desejo, do ódio e da ilusão, ou seja, seguem o darma, o budismo.

4. "Outra margem" – o nirvana.

5. "O Reino da Morte" – são os diferentes mundos ou "planos de existência" (ver nota 4, Capítulo I). Quem nirvaniza seu carma cruza, ultrapassa o Reino de Mara, da Morte. É difícil de cruzar porque é extremamente difícil nirvanar-se.

6. "Venenos" – símbolo de tudo que impede a Iluminação por nos ligar aos mundos impermanentes. São quatro os venenos: 1) Desejos

sensuais; 2) Desejo de existir; 3) As especulações mentais; 4) A ignorância.

Capítulo VII

1. "Dignos" – *Arahant*, particípio presente do verbo *arahati*, merecer, ser digno de. *Arahant*, antes do budismo, era título honorífico, algo como "Vossa Dignidade". Depois dele, passou a designar os monges que seguiam Buda, mas especialmente os que neste mundo, como o Mestre, puderam atingir total Iluminação, ou seja, experimentar o nirvana em vida.

2. "Final da viagem" – o nirvana.

3. Lar – símbolo das amarras às coisas do mundo (ver nota 7, Capítulo II).

4. "Daqueles que não acumulam" bens materiais. "Liberdade" – o nirvana. "Vazia" – porque é a extinção do desejo, do ódio e da ilusão. Nada sobra em nossa mente. "Sem nenhum sinal" – porque quem atinge o nirvana, a Extinção, não pode explicar como chegou a ele. Não deixa traços, sinais para que outros sigam o caminho do nirvana, por isto, "duro de traçar". O nirvana é uma experiência eminentemente pessoal e indescritível.

5. "Livres de todo veneno" – ver nota 7, Capítulo VI.

6. "Pilar de Indra" – pilar dedicado a Indra, o Sol divinizado, que se encontrava na porta principal das cidades do Ganges no tempo de Buda. A metáfora é que tanto a terra como o Pilar de Indra não se alteram, não reagem seja às agressões, seja aos sinais de respeito. Isso porque ambos eram ao mesmo tempo objeto de reverência, com a oferta de flores e incenso, e das mais baixas agressões, como as fezes e urina de crianças e adultos, que se aliviavam sobre a terra ou atrás do Pilar de Indra. Ou seja: como a terra e o Pilar de Indra, os Dignos não se alteram diante da agressão ou da consideração. "Livre de lama" – das impurezas (ver nota 2, Capítulo I).

7. "Saber perfeito" – o darma.

8. Este verso deveria ser assim traduzido: "Sem convicção, bastante ingrato,/ verdadeiro ladrão, que arromba,/ azarado, comendo vômito,/ este, sim, é um homem audacioso."
Como foi composto com os trocadilhos abaixo, impossíveis de serem traduzidos, optou-se pela tradução com o seu conteúdo real, caso contrário não poderia ser por nós entendido: *assaddho* – sem

convicção; indica que os Dignos estão acima das crenças humanas; *Akataññu* – ingrato, homófono de "o que conhece o incriado", ou seja, o que experimentou o nirvana, que por ser extinção não existe, sendo por isso incriado; *sandhicchedo* – "o que quebra as juntas das janelas", por isso arrombador, mas também o que corta as juntas, as amarras – o desejo, o ódio e a ilusão – que nos ligam ao mundo dos fenômenos, o mundo de Mara, da Morte; *hatavakaso* – "o que destrói as oportunidades", por isso azarado, mas também aquele que deixa passar a oportunidade de fazer seja o bem, seja o mal, por estar acima dos dois; *vantaso* – literalmente, "o que come vômito", mas também "o que expeliu os desejos"; *purisuttamo* – "homem audacioso", mas também "homem sublime". Deixamos, pois, de usar essas imagens fortes, contrárias ao que Buda ensinava; contudo, expressam elas o fato de que a experiência do nirvana é intransmissível, na medida em que foram escolhidos símiles totalmente opostos ao que se podia esperar.

Capítulo VIII

1. "Devas" – seres dos mundos bem-aventurados (ver notas 4 e 7, Capítulo I). "Gandarva" – espíritos músicos de mundos mais felizes do que o dos homens. "Bramá" – o Criador, deus da trindade hinduísta, ao lado de Xiva, o Destruidor, e Vixnu, o Mantenedor.

2. "Doações" – de comida, roupa etc. aos seguidores de Buda, especialmente os que atingiram o nirvana em vida ou que necessariamente o atingirão.

3. "Honras aos que caminham eretos" – saudar com respeito sincero os "eretoandantes", assim chamados os monges que tinham atingido o nirvana ou que necessariamente o atingiriam.

4. "Passo além da morte", "passo imortal" – o nirvana.

Capítulo IX

1. "Veneno" – ver nota 6, Capítulo VI.

Capítulo X

1. O chicote é o símbolo do ódio e da violência.

2. O verso se refere aos ascetas que se mortificavam, se sujavam e jejuavam à procura da verdade. No entanto, essas práticas severas,

que o próprio Buda havia tentado logo ao deixar sua casa (ver A vida de Buda, p. 16), não conseguem livrar o homem da dúvida. Quanto às dúvidas de caráter existencial, são cinco e se referem ao começo dos fenômenos, do que existe (segundo Buda, não há tal começo, o que existe é um processo sem início); ao fim dos fenômenos (tudo passa); ao passado e ao futuro; à relação causal entre os fenômenos (tudo o que é existe por causa ou causas anteriores); à condicionalidade dos fenômenos (tudo o que existe depende de vários fenômenos para originar-se).

3. "Deixando de lado o chicote" – abandonando todo ódio, toda a violência; é esse sentimento de ausência de ódio que nos leva à sabedoria e à verdade.

4. Uma das razões do sucesso do budismo durante a vida de Buda foi o fato de seus seguidores levarem vida digna e nobre, sendo inseridos na sociedade, mas dela estando afastados. O contraste com os que se automortificavam era flagrante. Aqui, "brâmane" é sinônimo de quem segue o darma (ver Capítulo XXVI) e não da casta dos sacerdotes com o mesmo nome, cujas crenças foram reformadas por Buda. Recluso é tradução de *samana*, que indica os eremitas ou andarilhos em busca da verdade religiosa. Buda, por exemplo, era chamado de Samana, no seu tempo, por seguidores de outras religiões. Monge é tradução de *bhikku*, que originalmente significava mendigo ou mendicante. Os três termos – brâmane, recluso e monge – têm aqui o significado de "verdadeiro religioso".

Capítulo XI

1. As chamas que consomem nossa existência são onze: paixão, ódio, ilusão, doença, velhice, morte, tristeza, lamentar-se, sofrimento físico, depressão e esforço excessivo.

2. "Luz" – o darma.

3. "Boneco colorido" – alusão ao corpo do homem, coberto não apenas de pinturas (no tempo de Buda os homens também se maquiavam, com muitas cores), mas também por roupas, joias e todo tipo de adereço colorido. "Monte estaqueado" – alusão aos ossos que estruturam o corpo dos seres humanos.

4. Essa estrofe e a seguinte são as primeiras palavras ditas por Buda depois de atingir a Iluminação. O *Darmapada* é o único livro do cânone budista que as contém. Samsara é o ciclo de vidas e mortes, e o arquiteto representa o desejo, origem do carma, que "constrói" o

Universo. A viga mestra é a ignorância, que é quebrada, de tal maneira que a mente se liberta da existência, do sancara, de todos os fenômenos, condicionados, no seu aparecimento, a outros fenômenos. A mente se liberta, pois, do próprio existir. Nirvaniza-se: extingue-se o carma, deixando-se de lado o sancara, a existência. Resumindo: sancara – o existir, sempre passageiro; samsara – o ciclo de vidas e mortes, o reaparecer do carma depois da morte; nirvana – a extinção do desejo, do ódio e da ilusão e, por isso, o fim do ciclo de vidas e mortes, deixado de lado o mundo dos fenômenos passageiros, a própria existência. Por isso, pode-se dizer que quem atingiu o nirvana em vida existe sem existir, sente sem sentir, pensa sem pensar, deseja sem desejar e assim por diante.

5. "A mente livre do sancara" – *Visankharagatam cittam*: mente que se libertou do sancara. Sancara tem dois significados (ver Termos intraduzíveis p. 40): 1) todas as coisas ou fenômenos que existem e que são dependentes de outros fenômenos para existir e, por isso, necessariamente passageiros; 2) o quarto dos cinco candas (que constituem os seres humanos), o das elaborações da mente, dos estados mentais, pensamentos, intenções, desejos etc.; é o que cria a falsa ideia do "eu". Traduções possíveis, pela extrema complexidade e riqueza da palavra sancara, seriam: a mente liberta dos condicionamentos, a mente liberta da realidade passageira, a mente liberta da existência, a mente liberta da ideia do "eu", a mente liberta dos desejos, a mente liberta dos desejos e do existir." (esta, talvez, a melhor tradução).

6. "Setas" – as que jazem no chão depois de lançadas pelos arcos nas batalhas, esquecidas, ficando ao léu, sem ter uso. É a imagem do velho abandonado pelos mais jovens; aqui, arrependido por não ter acumulado virtude e bens na juventude.

Capítulo XII

1. "Três guardas da vida" – juventude, meia-idade, velhice.

2. "Ignorantes" – os que não sabem que o mal causa o mal.

3. "Dignos" – ver nota 1, Capítulo VII – "Bambu" – *katthaka,* gramínea geralmente tida como um bambu que morre ao frutificar. Os atos que não se baseiam no darma têm como fruto a destruição de quem os praticou, ou melhor, sua permanência no ciclo de vidas e mortes.

4. Além de acentuar a responsabilidade por nossos próprios atos, Buda, com essa estrofe, deixava claro que os brâmanes, com seus rituais, não poderiam purificar aqueles que agiam movidos pelo mal.

Refere-se especialmente aos rituais bramânicos de purificação pelo fogo.

5. "Nosso próprio bem" – aqui tido como o bem espiritual, mental, o que leva à liberação no nirvana. Conta a tradição que buda teria dito essas estrofes já enfermo, quatro meses antes de morrer. Sabendo que o mestre se iria, todos os seus discípulos não o deixavam só. Apenas um monge, justamente chamado de Atadata (próprio bem), continuou com seus exercícios mentais, tratando de atingir o nirvana ainda em vida de Buda. Levado a este o assunto, elogiou-o: "Monges, quem me amar sinceramente deve amar Atadata. Pois em verdade me prestam honras não aqueles que me trazem guirlandas e incenso. Honram-me apenas aqueles que cumprem o darma." E sintetizou seu pensamento dizendo a estrofe 166. Nosso próprio bem, então, é o próprio conhecimento e prática do darma, que devemos "bem saber" e praticar.

Capítulo XIII

1. "Darmas vis" – aqui, darma significa elaborações mentais inferiores. São cinco, associados aos cinco sentidos: a procura da beleza nas formas, com a visão; o gosto bom, com o paladar, e assim por diante. "Aumentares o mundo" – sendo os desejos a base do carma, através deles o mundo se perpetua, por meio de novos nascimentos e novas mortes.

2. "Amarras" – tudo o que nos liga a este mundo e aos desejos (ver nota 7, Capítulo II).

3. "Milagrosamente" – *adddhiya*. *Addhi* significa poder milagroso, neste caso o poder mental dos Dignos, os que atingiram o nirvana ainda nesta vida. Entre os poderes que se atribuem aos Dignos, pelo perfeito domínio da mente que têm, está deslocar-se pelos ares, naturalmente através dela. Casos de parapsicologia indicam isso como um fato. Mas os Dignos controlam essa possibilidade da mente. Daí a imagem da estrofe: os Dignos como os cisnes que vão pelos ares e deixam este mundo, superando o samsara, isto é, atingindo o nirvana.

4. "Desinteressado do além" – o além é aqui considerado como não apenas os mundos felizes, dos quais faz parte o nosso, como também o próprio nirvana, "além" de todos os mundos; ou seja, um homem sem vida espiritual, o que o leva a não preocupar-se com acumular mérito através de atos bons, abrindo-se, por isso, à maldade, sem escrúpulos.

5. "É o fruto de entrar na corrente" – corrente que leva adiante na liberação total quanto ao desejo, ao ódio e à ilusão, cujo fruto é o nirvana.

Capítulo XIV

1. Buda (em páli *Buddha,* o Desperto, o Iluminado, o que compreendeu, o que sabe) pode ser qualquer pessoa que atingiu a Iluminação, o nirvana – daí o plural.

2. Não há como trazer de volta aos prazeres sensuais os budas que venceram todo desejo, ódio e ilusão, pois estes são sentimentos que nos prendem à existência, da qual já se libertaram. Quem permanece neste mundo dos prazeres sensuais não pode obter tal vitória sobre os desejos, o ódio e a ilusão. Como os budas não deixam trilha para que os sigamos no caminho do despertar, da Iluminação, do nirvana, que é uma experiência pessoal e intransmissível, não há trilha que os possa trazer de volta ao mundo dos prazeres. Conta-se que Buda disse esses versos para ilustrar, numa vida pregressa, a tentativa em vão de um homem da casta dos brâmanes de oferecer-lhe sua lindíssima filha em casamento, impressionado com sua altivez, bondade e elevação moral.

3. Armadilhas (*jalini*, especialmente a rede para pegar pássaros), visgo (*visattika*, também utilizado para capturar pássaros) e sede (*tanha*) são diferentes maneiras de Buda referir-se aos desejos, que fazem dos homens presas do samsara. "Este mundo" – o mundo dos desejos.

4. Os versos expressam o que poderia chamar-se de "humanismo budista", ou seja, nascer no mundo dos homens é difícil porque é um mundo único. Só nele se tem acesso à verdade, ao darma, o único caminho que pode excluir-nos do samsara, pois possibilita a liberação que representa o nirvana. Nem mesmo entre os devas isso é possível, pois, se extremamente felizes, têm mínimo ou nenhum entendimento e desconhecem a Lei Natural ou darma. Assim, é necessário praticar o bem em vidas pregressas para aparecer no mundo dos homens. No entanto, a vida do homem é difícil, porque a impermanência leva ao sofrimento e porque é também difícil encontrar alguém que pregue o darma. Pela imensa quantidade de bem praticado em vidas passadas, o que é necessário para que um buda apareça entre nós, tal aparecimento é também difícil. Ou seja: o homem deve aproveitar ter nascido como homem para iluminar-se, para libertar-se do samsara, seguindo o darma mostrado por Buda e pelos budas.

5. "Segundo os preceitos" – os indicados por Buda para a conduta dos que o seguiam como monges, ou seja, reclusos e ascetas.

6. "Sanga" – a totalidade dos monges budistas. "Quatro Nobres Verdades" – ver Doutrina e prática, p. 20.

7. "Os Oito Nobres Caminhos" – ver p. 28.

8. "Barreiras" – as que impedem o desenvolvimento espiritual.

9. "Bem" – *puñño* (lê-se /pun/nho/) é a consequência das boas ações, que, acumuladas, contarão para que nosso carma reapareça em mundos de maior ou menor felicidade, de acordo com sua quantidade.

Capítulo XV

1. "Devas radiantes" – ver nota 4, Capítulo I.

2. Canda – ver Termos intraduzíveis, p. 38.

3. "Sancara" – aqui, os cinco candas tomados em conjunto (ver Termos intraduzíveis, p. 40). É a maior das dores, porque o fato de sermos um conjunto de candas que necessitam uns dos outros para que existamos e que desaparecem se um deles desaparece faz com que tudo seja passageiro e sem essência, o que leva ao sofrer.

Capítulo XVI

1. *Pyiavaggo* – Todos os capítulos do *Darmapada* são designados pelo termo *vaggo*, que quer dizer "grupo" ou, nos textos canônicos, "capítulo"; por sua vez, *piyo* quer dizer tanto seres queridos como afeição e prazer. Como inexiste em português palavra que expresse esses três significados ao mesmo tempo, colocamo-los no título; ao longo da tradução desse capítulo, quando apropriado, usamos "seres queridos", "afeição" e "prazer" e seus semelhantes – aliás, especificados no texto como "desejo" (pelos prazeres sensuais) e "avidez" (idem), os quais em páli também significam "prazer".

2. "Não dedicado a meditar" – *Attanam yogasmim ca ayojayam*: não dedicado ao *yoga*. São muitos os significados de *yoga,* impossível precisar o do texto; por isso, variam as traduções: conter-se, exercitar-se, dedicar-se ao que é bom, disciplinar-se, bem pensar e assim por diante. Todas essas possibilidades são boas. Optamos por meditar, devotar a mente ao que convém, ou seja, ao darma.

3. "Amarras" – ver nota 7, Capítulo II.

4. "Para além da torrente" – alusão tanto à existência humana, que flui (e termina), como às paixões, que nos levam de roldão (ver nota 4, Capítulo XXIV).

5. O verso expressa a ideia central do budismo de que são nossos atos e não nossa individualidade que reaparecem, sob forma de carma, em outros mundos.

Capítulo XVII

1. "Paixões" – *asava*: veneno, substância impura, tóxicos. O veneno é metáfora muito usada por Buda para designar as paixões e os desejos humanos. (ver nota 6, Capítulo VI).

2. Atula foi o discípulo de Buda que despertou essas estrofes, por ter criticado seus colegas Revata, que nada dizia, Sariputra, por falar muito, e Ananda, por ser muito comedido no falar.

3. *Brahma* – Bramá.

Capítulo XVIII

1. Nódoas – *malam* (sujeira, excremento, nódoas), tal como *asavam* (veneno), termo usado por Buda para designar os desejos, paixões e ilusões que nos levam a conduta não propícia à elevação espiritual e nos afastam do caminho do nirvana.

2. Esforçar-se – autocontrolar-se, sobretudo através da meditação budista. Ser sábio – seguir o darma.

3. "Não mais ficarás velho" – atingido o nirvana, cessará o samsara, o ciclo de vidas e mortes, ou seja, não mais haverá nascimento e morte para o carma, que se extinguiu.

4. Essa estrofe traz a enumeração, pela negativa, das Cinco Virtudes (ver p. 30) aconselhadas por Buda aos leigos, pois estes, dedicados à vida mundana, dificilmente poderão atingir o nirvana. São: não matar, não mentir, não roubar, não cometer adultério e não intoxicar-se. É o *Pancasila* (lê-se /pantxa-sila/) ou Cinco Virtudes. Segui-las é o suficiente para vivermos felizes neste mundo e causarmos felicidade. "Cortará as próprias raízes" – viverá sem poder crescer, sem poder receber auxílio, viverá sem esperanças, principalmente de desenvolvimento espiritual.

5. "Por muito tempo te sujeitem à dor" – os desejos e os atos maus levam após a morte aos mundos impermanentes, onde predomina o sofrimento, a dor.

6. Concentrar a mente – *samadhi* (lê-se /samad-hi/, com o h aspirado, como em inglês). É um termo intraduzível que transmitimos como "Correta Introspecção", o oitavo dos "Oito Nobres Caminhos" (ver p. 28). É um estado de concentração mental que leva a um profundo sentimento de integração e paz e que conduz tanto ao *prajña* (lê-se /pradj-nha/), ou conhecimento e felicidades transcendentais (nível ao qual também chega a meditação transcendental do hinduísmo), como ao *jhana* (lê-se /dj-hana/, com o h aspirado), conducente ao nirvana, apenas conseguido pela meditação budista (ver p. 31). Seria útil adotarmos na língua portuguesa termos como "samádi", "prajna" e "djana" (ver Termos intraduzíveis, p. 37). O samádi equivaleria ao satóri do budismo japonês. Nessa estrofe, Buda se dirige aos seus discípulos monges que viviam de esmolas.

7. "No céu não se encontram pegadas" – não se pode ensinar como chegar ao nirvana.

8. "Obstáculos" – especialmente aqueles para atingir o nirvana, ou seja, os prazeres do mundo que açulam os homens e o desejo, o ódio e a ilusão.

9. Budas – *Tathagata*, chegado ao real. Era como Buda designava a si próprio e como passou a designar os que atingiram o nirvana em vida.

10. "Sancara" – ver Termos intraduzíveis, p. 41 e nota 3, Capítulo XV. Não há vacilação quanto a tudo ser passageiro, não há vacilação em abandonar o mundo dos homens e não há vacilação em extinguir o desejo, o ódio e a ilusão.

Capítulo XIX

1. "Calva" – os monges budistas (ascetas, para Buda) raspam os cabelos e também barba e sobrancelhas.

2. "Darmas vis" – ver nota 1, Capítulo XIII.

3. "Venenos" – ver nota 6, Capítulo VI.

Capítulo XX

1. Referência aos Oito Nobres Caminhos e às Quatro Nobres Verdades.

2. "Saber ver", "visão" – ver a realidade tal como ela é, através do darma.

3. "Sei aplacar a dor" – no texto páli, "Sei arrancar setas"; estas, a imagem do sofrimento.

4. Essa estrofe e as próximas duas sintetizam os três princípios básicos dos ensinamentos de Buda quanto às características da existência e do existir: *anicca* (impermanência), *dukkha* (sofrimento) e *anatta* (insubstancialidade). Note-se que Buda emprega sancara nas duas primeiras estrofes e darmas no terceiro (ver Termos intraduzíveis, p. 37, acepções 1 e 2). Sabemos que sancara se refere à condicionalidade do que existe, ou seja, tudo o que há é composto de elementos que dependem da existência de outros elementos para existir; por isso, toda a existência é passageira, já que, desaparecendo um elemento, o que existe desaparece e é sofrimento, porque todo ser vivo sente desejo de assim permanecer, quando, no entanto, tudo termina com a morte, a deterioração, a ruína, a erosão etc. O uso de darmas (e não sancaras) na terceira estrofe, que se refere à insubstancialidade de tudo o que existe, é geralmente explicado pelo fato de que nem mesmo os componentes da existência têm essência. Ou seja: quando esses elementos se separam ou desaparecem nada resta, não permanecem sob forma alguma. Assim, por exemplo, nosso eu, que depende dos cinco candas (ver Termos intraduzíveis, p. 38). Eliminados eles ou um deles, nada sobra. O eu, pois, é uma ilusão, já que não é por nós visto ao longo do tempo e na sua realidade, que é apenas a mostrada pelo darma. No dia a dia de nossas vidas, consideramos que nunca nos extinguiremos e, também, se aceitamos a morte, pensamos que, mesmo depois dela, sobreviveremos de alguma forma, como a alma, o espírito etc., tidos como eternos. Ilusão, pois todos os darmas são passageiros.

Cientes dessas três verdades (que nosso "eu" é passageiro, que causa só sofrimento e que não tem essência), desprezaremos o sofrer com a mente pura, ou seja, sem as impurezas do ódio, da ilusão e do desejo.

5. "Quem não se aplica" – aquele que não se aplica em entender e praticar o darma.

6. Zelo – *yoga*: em páli, essa palavra significa esforço, zelo, sobretudo no sentido espiritual; é palavra cognata do nosso termo "jugo". Neste contexto, trata-se de jungir a mente ao que é bom, esforçar-se, com zelo, na meditação, no darma.

7. Floresta e folhagens são símbolos dos desejos sensuais. A floresta representa os "grandes desejos", os que têm consequências más em vidas futuras; as folhagens, os "pequenos desejos", os que repercu-

tem negativamente nesta existência. O desejo sexual nos mantém presos a esta existência.

Capítulo XXI

1. "Pequeno prazer"– os prazeres terrenais. "Maior prazer"– o nirvana.

2. "Venenos" – ver nota 6, Capítulo VI.

3. Tal como na estrofe 97, nessa e na próxima estrofe, Buda usa imagens fortes baseadas em símbolos para transmitir com força sua mensagem. Aqui, "mãe" é o símbolo dos desejos, pois são eles que causam o nascimento neste ou naquele mundo; "pai" representa a ilusória noção do eu, pois dizemos "eu sou filho de..."; "dois rajás" da casta xátrias (dos nobres) ou dos brâmanes (sacerdotes) são as duas correntes opostas de pensamento no tempo de Buda, a dos idealistas e a dos niilistas; "reino" indica os seis órgãos dos sentidos (os do mundo Ocidental mais a mente) e seus objetos, causa de nossa ligação à existência; "assistente" é a propensão aos desejos decorrente dos seis órgãos sensoriais. "Sem tremer" denota não a falta de remorso, mas a de sofrimento. O "reino do tigre" representa o medo, que causa dúvida e ceticismo. "Brâmane" – na acepção original, tanto o sacerdote hinduísta, como sua casta – é termo utilizado por Buda para simbolizar o homem de nobreza moral e espírito elevado (ver Capítulo XXVI).

4. Sanga – a comunidade dos que, como monges, deixaram seus lares para dedicar-se ao darma.

5. "Deixar o lar" – ser monge.

6. "Eterno viajante" – estar submetido ao samsara.

7. "Convicto" – tendo-se convencido da veracidade do darma por experiência própria. Convicção – *saddha*, termo na maioria das vezes impropriamente traduzido por fé; no budismo, os convictos são os que sabem que o darma, a palavra de Buda, a Lei Natural, é eficaz para terminar com nosso sofrimento e para levar-nos ao nirvana, por experiência própria e não, justamente, por fé.

8. "Riqueza" – a espiritual.

Capítulo XXII

1. "Melhor comer bolas de ferro em brasa" – Buda se refere aos "falsos monges", que recebem doações de comida sem merecer. A me-

táfora indica que tais monges decairão nos mundos miseráveis, nos "infernos", onde comer bolas de ferro em brasa seria uma tortura.

2. "A ascese mal-levada" – Buda outra vez se refere aos "falsos monges", que não praticam as normas de conduta para eles estabelecidas; ascese aqui, pois, é sinônimo de vida monacal.

3. "Lama" – impurezas (ver nota 2, Capítulo I).

Capítulo XXIII

1. "Um bem-domado" – entenda-se um elefante bem-domado, que pode andar entre o povo sem assustar-se ou levar o rajá sem colocar sua vida em perigo.

2. "Ignota região" – no texto páli, *agatam disam*: região não pisada; é o nirvana. É ignota pois não há como ensinar o caminho.

3. Danapálaco significa "guardião da riqueza". Na estrofe, o elefante no cio representa a dificuldade de dominar, de domar, o desejo sexual, quando se decide ser monge.

4. "Tolo" – o que não compreende o darma.

5. "Sempre entrará no útero" – ficar sujeito ao samsara.

6. "Perigo" no sentido moral e espiritual.

7. "Virtuosos" – no texto páli, brâmanes (ver nota 1, Capítulo XXVI).

8. Ver nota 4, Capítulo XXI.

Capítulo XXIV

1. Pela textura das folhas do lótus, as gotas d'água nelas não conseguem permanecer, rolando para fora.

2. São as raízes do capim que são cheirosas, ou seja, o resultado do corte do desejo – o fim do sofrimento – é tão agradável quanto o aroma que se obtém ao cortar as raízes do capim-cheiroso.

3. Mara representa as tentações dos desejos e também a morte. Essa frase vale dizer: "Renascerás para sempre se não te livrares dos desejos".

4. As 36 torrentes são as três maneiras (desejo pelos prazeres sensuais, desejo de existir, desejo de deixar o samsara) sobre as quais podem projetar-se os seis sentidos e os seis objetos dos sentidos (forma, som, aroma, paladar, tato e elaborações mentais), ou seja, 3x6=18, 18+18=36. A numeração é expressão do sempre didático Buda, com

pensamento organizado, utilizando números para ordenar seus ensinamentos: as Quatro Nobre Verdades, os Oito Nobres Caminhos, as Cinco Virtudes e assim por diante. Buda (cerca de 563-483 a.C.), tal como seu contemporâneo Pitágoras (580-500 a.C.), ordena tudo em números, num momento em que a mente humana em algumas partes do planeta parecia se sentir por eles atraída.

5. "Tudo é alvo dos vis desejos" – no texto páli está: "Torrentes há em todas as partes", ou seja, tudo pode ser objeto de desejo; então, cresce ele como um cipó, agarrando-se naquilo que o nutre.

6. "Muitas vezes vão sofrer por muito tempo" – seu carma reaparecerá constantemente, com o que isso representa de sofrimento.

7. "Mata" – símbolo dos "grandes desejos", os que nos afetam negativamente após a morte. "Folhagem" – símbolo dos "pequenos desejos", os que nos afetam negativamente nesta vida.

8. Voltar aos grilhões – voltar à vida mundana, ao lar que o monge havia abandonado.

9. "Nos rebaixam" – no sentido de que causam nosso reaparecimento após a morte em mundos mais infelizes do que o nosso.

10. "Ao desejo" – no texto, "À torrente", que é este mundo de desejos, que nos leva ao samsara, o ciclo de vidas e mortes, como um eterno fluir (ver nota 4, acima).

11. "De lado o futuro, o passado e o presente" – a preocupação com as vidas pregressas, a presente e as futuras.

12. "Nascimento e velhice não mais verá" – seu carma se extinguirá, terminando assim com o nascimento, o envelhecimento, a morte e o reaparecimento do carma – em suma, o fim do samsara.

13. "Absorto quanto à feiura dos seres" – *Asubham bhavayati*: desenvolvendo a consciência dos aspectos desagradáveis do corpo humano. É um dos principais exercícios da meditação budista. Os temas para meditar relativos ao corpo humano são: um cadáver inchado, um já azulado, um cheio de pus, um cheio de buracos, um comido por animais, um dilacerado, um cortado, com as partes jogadas ao léu, um lambuzado de sangue, um comido por vermes e outro apenas ossos. Esse tipo de meditação nos convence de como tudo é passageiro, sem essência e sofrimento, o que leva ao nirvana.

14. "Chegado ao alvo" – atingido o nirvana.

15. "Nódoas" – ver nota 1, Capítulo XVIII.

16. "Seta" – símbolo do sofrimento, a dor a que estamos sujeitos neste mundo.

17. "Conhecendo a ordem das letras" – alusão ao monge que conhece perfeitamente as escrituras budistas.

Capítulo XXV

1. "Contê-los todos" – conter todos os sentidos.

2. "Concentrar a mente" – *Samadhi* (ver Os Oito Nobres Caminhos, p. 28, A meditação budista, p. 31 e nota 6, Capítulo XVIII).

3. "O que te dão" (estrofe 365), "que pouco recebe" – referência às esmolas de roupa, comida etc., as doações de que viviam e vivem os monges budistas.

4. "Para quem não há meu e nem eu" – *Mamayitam*. Segundo o *Comentário Cingalês ao Darmapada*, esse termo páli significaria: "Para quem não mantém (as ideias de 'Eu' ou 'Meu')" "e nem tudo o que o compõe" – *Namarupasmim* – nome (a pessoa) e forma (o corpo) – tudo que forma o eu. Diz o *Comentário*: "A massa (de fenômenos que forma) a (personalidade) física", "sem lamentar que o 'eu' não é" – *asata* – o que não existe. Diz o *Comentário*: "E que não lamenta, não é atormentado quando sua pessoa e seu corpo decaem e se degeneram, pensando '(Ai de mim,) minha pessoa, meu corpo e minha consciência se degeneraram', mas, ao contrário, assim percebe: 'O que degenerou em mim é aquilo que tende a degenerar-se'."

5. O domínio da paz é o nirvana.

6. "Nau" – nossa mente. "A água" – os desejos. "Leve, depressa ela te leva" – a nave livre da água fica leve e depressa nos leva ao porto – o nirvana.

7. "Corta cinco" – as cinco pequenas amarras: a noção do eu, a dúvida, o apego aos rituais, a sensualidade e a má vontade. "Cinco abandona" – as cinco grandes amarras: apego à existência, desejo de renascer nos céus, amor ao eu, agitação e ignorância. "Cinco cultiva" – as cinco faculdades mentais: convicção, atividade, consciência, concentração, meditação. "Sem as cinco amarras" – o desejo, o ódio, a ilusão, o apego ao eu e às ideias errôneas.
"O que cruzou a enchente" – a enchente é formada pela sensualidade, o desejo de existir, as falsas ideias e a ignorância.
No entanto, há muitas explicações do que sejam esses "cinco". As "amarras", por exemplo, também são consideradas treze e não dez (ver nota 7, Capítulo II).

8. Engolir bolas de aço em brasa – tortura infernal. Ou seja: não lamentar-se por não ter vivido de acordo com o darma, quando nosso carma for rebaixado a mundos infernais.

9. "Sabedoria" – *paññā* (lê-se /pan-nha/): especialmente a que se obtém sobre o sofrer e o ser em todos os seus níveis de existência (ver os Oito Nobre Caminhos, pág. 28)

10. A casa vazia é a mente.

11. "Néctar" – nirvana.

12. "Às regras" – *Patimokkha*: regras para os monges budistas.

Capítulo XXVI

1. Brâmane, como se sabe, é a casta dos sacerdotes, uma das duas castas superiores (junto com as dos xátrias ou nobres), ainda existente na Índia. Contudo, nos dias de hoje, a imensa maioria de seus membros não é constituída por sacerdotes, dedicando-se eles a todo tipo de profissão, ricos ou pobres, presentes nos mais altos e nos mais baixos níveis sociais. Um dos aspectos revolucionários da pregação de Buda foi desconsiderar as castas, que até hoje definem a sociedade indiana. No budismo, o brâmane assume sua superioridade não pelo nascimento, mas pelo valor moral e espiritual. Essa posição atraiu muitos adeptos de todas as castas, especialmente os comerciantes (casta dos vaixás, muito desprezada até hoje pelos brâmanes e xátrias), que, com poder econômico, não podiam ascender socialmente, devido à predominância das duas castas superiores. Buda fez ver que a verdadeira religiosidade estava nos monges budistas, de vida controlada, voltados à espiritualidade e à vida moral, e não com os brâmanes, com ritos formais. Por isso, o verdadeiro brâmane, o verdadeiro religioso, era o monge budista, e este podia vir de qualquer casta.

2. "Torrente" – símbolo dos desejos (ver notas 4, Capítulo XVI, e 3 e 4, Capítulo XXIV).

3. "Nirvana" – no texto páli, *Akataññu* (leia-se /acatan-nhu/), não criado.

4. Os dois darmas – tranquilidade e samádi; ver os Oito Nobres Caminhos (p. 28), A meditação budista (p. 31) e nota 6, Capítulo II. "Grilhões" – tudo o que nos liga à existência, como os desejos, o ódio e a ilusão, e que por isso nos mantêm no samsara (ver nota 7, Capítulo II).

5. "Esta e a outra margem, ambas, deixaram de existir" – fim das ideias do "eu" e do "meu".

6. "O dever cumprido" – compreendendo e praticando as Quatro Nobres Verdades (ver p. 21).

7. "Alvo supremo" – o nirvana.

8. "Brâmane" – no texto páli, "o que foi para fora", ou seja, o que deixou o lar.

9. "Brâmane" – aqui, em seu sentido original, o de sacerdote hinduísta, que utilizava o fogo em rituais.

10. "Tranças" e "pele de gamo" – maneira de vestir dos ascetas não budistas.

11. "Selva" – símbolo dos prazeres sensuais onde se perdem os homens, tal como na mata (ver nota 6, Capítulo XX).

12. "Não passa de alguém arrogante" – *Bhovadi nama so hoti*: ele é alguém que tuteia (usa o *bho*). *Bho*, termo de tratamento dado aos inferiores, era usado pela casta dos brâmanes quando se dirigiam a Buda, para indicar sua superioridade e orgulho.

13. "Destituído de todo medo" – porque superou os desejos.

14. As imagens correspondem ao ódio (correia), desejo (cilha), inclinação ao desejo (corda), falsas ideias (o que a corda traz) e ignorância (barra).

15. "Regras" – as que devem ser praticadas pelos monges budistas, muitas delas hoje alteradas, são: fazer suas roupas de trapos jogados fora; possuir apenas três peças de roupa; manter-se com alimentos dados como esmola; não escolher a casa onde pede comida; comer o alimento numa só refeição; comer de uma só vasilha; recusar comida dada após comer; morar na floresta; acomodar-se ao pé das árvores; viver ao ar livre; frequentar cemitérios; sentar-se em qualquer lugar que lhe seja oferecido; manter-se sentado mesmo quando dormir. "No último corpo" – último reaparecer de seu carma, pois atingirá o nirvana.

16. "Água na folha do lótus" – ver nota 1, Capítulo XXIV. "Grão" – no caso é o grão de mostarda, que, por ser duro e roliço, é impossível manter na ponta de uma agulha. Ou seja: os desejos caem (são superados), como nas duas imagens.

17. "Este atoleiro difícil" – este mundo de desejos e paixões.

18. O jugo da sensualidade também existe nas esferas celestes próximas do mundo dos homens, onde os devas ainda têm sentimentos.

19. Tanto "Feliz", *Sugato*, como "Desperto", *Buddham*, são epítetos dados a Sidarta Gáutama, que conhecemos por Buda.

20. Homem Digno: no original, *arahant*: quem chegou ao nirvana. Ver notas do Capítulo VII.

21. "Touro" – forte e plácido. "Conquistador" – de si mesmo.

22. Pela meditação budista, podemos ingressar em todos os mundos, presentes, passados e futuros.

Coleção **L&PM** POCKET (LANÇAMENTOS MAIS RECENTES)

612. **Striptiras (2)** – Laerte
613. **Henry & June** – Anaïs Nin
614. **A piscina mortal** – Ross Macdonald
615. **Geraldão (2)** – Glauco
616. **Tempo de delicadeza** – A. R. de Sant'Anna
617. **Tiros na noite 2: Medo de tiro** – Dashiell Hammett
618. **Snoopy em Assim é a vida, Charlie Brown! (3)** – Schulz
619. **1954 – Um tiro no coração** – Hélio Silva
620. **Sobre a inspiração poética (Íon) e ...** – Platão
621. **Garfield e seus amigos (8)** – Jim Davis
622. **Odisséia (3): Ítaca** – Homero
623. **A louca matança** – Chester Himes
624. **Factótum** – Charles Bukowski
625. **Guerra e Paz: volume 1** – Tolstói
626. **Guerra e Paz: volume 2** – Tolstói
627. **Guerra e Paz: volume 3** – Tolstói
628. **Guerra e Paz: volume 4** – Tolstói
629.(9).**Shakespeare** – Claude Mourthé
630. **Bem está o que bem acaba** – Shakespeare
631. **O contrato social** – Rousseau
632. **Geração Beat** – Jack Kerouac
633. **Snoopy: É Natal! (4)** – Charles Schulz
634.(8).**Testemunha da acusação** – Agatha Christie
635. **Um elefante no caos** – Millôr Fernandes
636. **Guia de leitura (100 autores que você precisa ler)** – Organização de Léa Masina
637. **Pistoleiros também mandam flores** – David Coimbra
638. **O prazer das palavras – vol. 1** – Cláudio Moreno
639. **O prazer das palavras – vol. 2** – Cláudio Moreno
640. **Novíssimo testamento: com Deus e o diabo, a dupla da criação** – Iotti
641. **Literatura Brasileira: modos de usar** – Luís Augusto Fischer
642. **Dicionário de Porto-Alegrês** – Luís A. Fischer
643. **Clô Dias & Noites** – Sérgio Jockymann
644. **Memorial de Isla Negra** – Pablo Neruda
645. **Um homem extraordinário e outras histórias** – Tchékhov
646. **Ana sem terra** – Alcy Cheuiche
647. **Adultérios** – Woody Allen
648. **Para sempre ou nunca mais** – R. Chandler
649. **Nosso homem em Havana** – Graham Greene
650. **Dicionário Caldas Aulete de Bolso**
651. **Snoopy: Posso fazer uma pergunta, professora? (5)** – Charles Schulz
652.(10).**Luís XVI** – Bernard Vincent
653. **O mercador de Veneza** – Shakespeare
654. **Cancioneiro** – Fernando Pessoa
655. **Non-Stop** – Martha Medeiros
656. **Carpinteiros, levantem bem alto a cumeeira & Seymour, uma apresentação** – J.D.Salinger
657. **Ensaios céticos** – Bertrand Russell
658. **O melhor de Hagar 5** – Dik Browne
659. **Primeiro amor** – Ivan Turguêniev
660. **A trégua** – Mario Benedetti
661. **Um parque de diversões da cabeça** – Lawrence Ferlinghetti
662. **Aprendendo a viver** – Sêneca
663. **Garfield, um gato em apuros (9)** – Jim Davis
664. **Dilbert (1)** – Scott Adams
665. **Dicionário de dificuldades** – Domingos Paschoal Cegalla
666. **A imaginação** – Jean-Paul Sartre
667. **O ladrão e os cães** – Naguib Mahfuz
668. **Gramática do português contemporâneo** – Celso Cunha
669. **A volta do parafuso** *seguido de* **Daisy Miller** – Henry James
670. **Notas do subsolo** – Dostoiévski
671. **Abobrinhas da Brasilônia** – Glauco
672. **Geraldão (3)** – Glauco
673. **Piadas para sempre (3)** – Visconde da Casa Verde
674. **Duas viagens ao Brasil** – Hans Staden
675. **Bandeira de bolso** – Manuel Bandeira
676. **A arte da guerra** – Maquiavel
677. **Além do bem e do mal** – Nietzsche
678. **O coronel Chabert** *seguido de* **A mulher abandonada** – Balzac
679. **O sorriso de marfim** – Ross Macdonald
680. **100 receitas de pescados** – Sílvio Lancellotti
681. **O juiz e o seu carrasco** – Friedrich Dürrenmatt
682. **Noites brancas** – Dostoiévski
683. **Quadras ao gosto popular** – Fernando Pessoa
684. **Romanceiro da Inconfidência** – Cecília Meireles
685. **Kaos** – Millôr Fernandes
686. **A pele de onagro** – Balzac
687. **As ligações perigosas** – Choderlos de Laclos
688. **Dicionário de matemática** – Luiz Fernandes Cardoso
689. **Os Lusíadas** – Luís Vaz de Camões
690.(11).**Átila** – Éric Deschodt
691. **Um jeito tranqüilo de matar** – Chester Himes
692. **A felicidade conjugal** *seguido de* **O diabo** – Tolstói
693. **Viagem de um naturalista ao redor do mundo – vol. 1** – Charles Darwin
694. **Viagem de um naturalista ao redor do mundo – vol. 2** – Charles Darwin
695. **Memórias da casa dos mortos** – Dostoiévski
696. **A Celestina** – Fernando de Rojas
697. **Snoopy (6)** – Charles Schulz
698. **Dez (quase) amores** – Claudia Tajes
699. **Poirot sempre espera** – Agatha Christie
700. **Cecília de bolso** – Cecília Meireles
701. **Apologia de Sócrates** *precedido de* **Êutifron e** *seguido de* **Críton** – Platão
702. **Wood & Stock** – Angeli
703. **Striptiras (3)** – Laerte
704. **Discurso sobre a origem e os fundamentos da desigualdade entre os homens** – Rousseau
705. **Os duelistas** – Joseph Conrad
706. **Dilbert (2)** – Scott Adams
707. **Viver e escrever (vol.1)** – Edla van Steen
708. **Viver e escrever (vol.2)** – Edla van Steen
709. **Viver e escrever (vol.3)** – Edla van Steen
710. **A teia da aranha** – Agatha Christie
711. **O banquete** – Platão
712. **Os belos e malditos** – F. Scott Fitzgerald
713. **Líbelo contra a arte moderna** – Salvador Dalí
714. **Akropolis** – Valerio Massimo Manfredi
715. **Devoradores de mortos** – Michael Crichton

716. **Sob o sol da Toscana** – Frances Mayes
717. **Batom na cueca** – Nani
718. **Vida dura** – Claudia Tajes
719. **Carne trêmula** – Ruth Rendell
720. **Cris, a fera** – David Coimbra
721. **O anticristo** – Nietzsche
722. **Como um romance** – Daniel Pennac
723. **Emboscada no Forte Bragg** – Tom Wolfe
724. **Assédio sexual** – Michael Crichton
725. **O espírito do Zen** – Alan Watts
726. **Um bonde chamado desejo** – Tennessee Williams
727. **Como gostais** *seguido de* **Conto de inverno** – Shakespeare
728. **Tratado sobre a tolerância** – Voltaire
729. **Snoopy: Doces ou travessuras? (7)** – Charles Schulz
730. **Cardápios do Anonymus Gourmet** – J.A. Pinheiro Machado
731. **100 receitas com lata** – J.A. Pinheiro Machado
732. **Conhece o Mário? vol.2** – Santiago
733. **Dilbert (3)** – Scott Adams
734. **História de um louco amor** *seguido de* **Passado amor** – Horacio Quiroga
735(11). **Sexo: muito prazer** – Laura Meyer da Silva
736(12). **Para entender o adolescente** – Dr. Ronald Pagnoncelli
737(13). **Desembarcando a tristeza** – Dr. Fernando Lucchese
738(11). **Poirot e o mistério da arca espanhola & outras histórias** – Agatha Christie
739. **A última legião** – Valerio Massimo Manfredi
740. **As virgens suicidas** – Jeffrey Eugenides
741. **Sol nascente** – Michael Crichton
742. **Duzentos ladrões** – Dalton Trevisan
743. **Os devaneios do caminhante solitário** – Rousseau
744. **Garfield, o rei da preguiça (10)** – Jim Davis
745. **Os magnatas** – Charles R. Morris
746. **Pulp** – Charles Bukowski
747. **Enquanto agonizo** – William Faulkner
748. **Aline: viciada em sexo (3)** – Adão Iturrusgarai
749. **A dama do cachorrinho** – Anton Tchékhov
750. **Tito Andrônico** – Shakespeare
751. **Antologia poética** – Anna Akhmátova
752. **O melhor de Hagar 6** – Dik e Chris Browne
753(12). **Michelangelo** – Nadine Sautel
754. **Dilbert (4)** – Scott Adams
755. **O jardim das cerejeiras** *seguido de* **Tio Vânia** – Tchékhov
756. **Geração Beat** – Claudio Willer
757. **Santos Dumont** – Alcy Cheuiche
758. **Budismo** – Claude B. Levenson
759. **Cleópatra** – Christian-Georges Schwentzel
760. **Revolução Francesa** – Frédéric Bluche, Stéphane Rials e Jean Tulard
761. **A crise de 1929** – Bernard Gazier
762. **Sigmund Freud** – Edson Sousa e Paulo Endo
763. **Império Romano** – Patrick Le Roux
764. **Cruzadas** – Cécile Morrisson
765. **O mistério do Trem Azul** – Agatha Christie
766. **Os escrúpulos de Maigret** – Simenon
767. **Maigret se diverte** – Simenon
768. **Senso comum** – Thomas Paine
769. **O parque dos dinossauros** – Michael Crichton
770. **Trilogia da paixão** – Goethe
771. **A simples arte de matar (vol.1)** – R. Chandler
772. **A simples arte de matar (vol.2)** – R. Chandler
773. **Snoopy: No mundo da lua! (8)** – Charles Schulz
774. **Os Quatro Grandes** – Agatha Christie
775. **Um brinde de cianureto** – Agatha Christie
776. **Súplicas atendidas** – Truman Capote
777. **Ainda restam aveleiras** – Simenon
778. **Maigret e o ladrão preguiçoso** – Simenon
779. **A viúva imortal** – Millôr Fernandes
780. **Cabala** – Roland Goetschel
781. **Capitalismo** – Claude Jessua
782. **Mitologia grega** – Pierre Grimal
783. **Economia: 100 palavras-chave** – Jean-Paul Betbèze
784. **Marxismo** – Henri Lefebvre
785. **Punição para a inocência** – Agatha Christie
786. **A extravagância do morto** – Agatha Christie
787(13). **Cézanne** – Bernard Fauconnier
788. **A identidade Bourne** – Robert Ludlum
789. **Da tranquilidade da alma** – Sêneca
790. **Um artista da fome** *seguido de* **Na colônia penal e outras histórias** – Kafka
791. **Histórias de fantasmas** – Charles Dickens
792. **A louca de Maigret** – Simenon
793. **O amigo de infância de Maigret** – Simenon
794. **O revólver de Maigret** – Simenon
795. **A fuga do sr. Monde** – Simenon
796. **O Uraguai** – Basílio da Gama
797. **A mão misteriosa** – Agatha Christie
798. **Testemunha ocular do crime** – Agatha Christie
799. **Crepúsculo dos ídolos** – Friedrich Nietzsche
800. **Maigret e o negociante de vinhos** – Simenon
801. **Maigret e o mendigo** – Simenon
802. **O grande golpe** – Dashiell Hammett
803. **Humor barra pesada** – Nani
804. **Vinho** – Jean-François Gautier
805. **Egito Antigo** – Sophie Desplancques
806(14). **Baudelaire** – Jean-Baptiste Baronian
807. **Caminho da sabedoria, caminho da paz** – Dalai Lama e Felizitas von Schönborn
808. **Senhor e servo e outras histórias** – Tolstói
809. **Os cadernos de Malte Laurids Brigge** – Rilke
810. **Dilbert (5)** – Scott Adams
811. **Big Sur** – Jack Kerouac
812. **Seguindo a correnteza** – Agatha Christie
813. **O álibi** – Sandra Brown
814. **Montanha-russa** – Martha Medeiros
815. **Coisas da vida** – Martha Medeiros
816(14). **A cantada infalível** *seguido de* **A mulher do centroavante** – David Coimbra
817. **Maigret e os crimes do cais** – Simenon
818. **Sinal vermelho** – Simenon
819. **Snoopy: Pausa para a soneca (9)** – Charles Schulz
820. **De pernas pro ar** – Eduardo Galeano
821. **Tragédias gregas** – Pascal Thiercy
822. **Existencialismo** – Jacques Colette
823. **Nietzsche** – Jean Granier
824. **Amar ou depender?** – Walter Riso
825. **Darmapada: A doutrina budista em versos**
826. **J'Accuse...!** – a verdade em marcha – Zola
827. **Os crimes ABC** – Agatha Christie
828. **Um gato entre os pombos** – Agatha Christie
829. **Maigret e o sumiço do sr. Charles** – Simenon
830. **Maigret e a morte do jogador** – Simenon
831. **Dicionário de teatro** – Luiz Paulo Vasconcellos
832. **Cartas extraviadas** – Martha Medeiros

NCYCLOPAEDIA é a nova série da :oleção L&PM Pocket, que traz livros e referência com conteúdo acessível, :il e na medida certa. São temas niversais, escritos por especialistas de)rma compreensível e descomplicada.

MEIROS LANÇAMENTOS: **A crise de 1929**, Bernard Gazier – **Budismo**, ude B. Levenson – **Cleópatra**, Christian-Georges Schwentzel – zadas, Cécile Morrisson – **Geração Beat**, Claudio Willer – **Império** nano, Patrick Le Roux – **Revolução Francesa**, Frédéric Bluche, Stéphane s e Jean Tulard – **Santos Dumont**, Alcy Cheuiche – **Sigmund Freud**, on Sousa e Paulo Endo – **Economia: 100 palavras-chave**, Jean-Paul bèze – **Acupuntura**, Madeleine Fiévet-Izard, Madeleine J. Guillaume e n-Claude de Tymowski – **Alexandre, o grande**, Pierre Briant – **Cabala**, and Goetschel – **Capitalismo**, Claude Jessua – **Egito Antigo**, Sophie splancques – **Escrita chinesa**, Viviane Alleton – **Existencialismo**, Jacques lette – **Guerra Civil Americana**, Farid Ameur – **História de Paris**, Yvan mbeau – **Impressionistas**, Dominique Lobstein – **Islã**, Paul Balta – **Jesus**, arles Perrot – **Marxismo**, Henri Lefebvre – **Mitologia grega**, Pierre imal – **Nietzsche**, Jean Granier – **Tragédias gregas**, Pascal Thiercy – nho, Jean-François Gautier

&PM POCKET **ENCYCLOPAEDIA**
Conhecimento na medida certa

IMPRESSÃO:

Santa Maria - RS - Fone/Fax: (55) 3220.4500
www.pallotti.com.br